S U M Á R I O

Luiz Carlos de Freitas
Professor da Faculdade de Educação da
Universidade Estadual de Campinas.

CICLOS, SERIAÇÃO E AVALIAÇÃO

Confronto de lógicas

Coordenador da coleção:
Ulisses F. Araújo

1ª edição

5ª IMPRESSÃO

Moderna

Moderna

COORDENAÇÃO EDITORIAL José Carlos de Castro
PREPARAÇÃO DE TEXTO Lellis Assessoria Editorial
COORDENAÇÃO DE PRODUÇÃO GRÁFICA Fernando Dalto Degan
COORDENAÇÃO DE REVISÃO Estevam Vieira Lédo Jr.
REVISÃO Eliana A. R. S. Medina, Liduína A. Santana, Rita de Cássia M. Lopes
EDIÇÃO DE ARTE/PROJETO GRÁFICO Ricardo Postacchini
CAPA Ricardo Postacchini
Foto: CID
DIAGRAMAÇÃO Elizabeth Kamazuka Santos
SAÍDA DE FILMES Helio P. de Souza Filho, Marcio H. Kamoto
COORDENAÇÃO DE PRODUÇÃO INDUSTRIAL Wilson Aparecido Troque

IMPRESSÃO E ACABAMENTO Bartira Gráfica e Editora Ltda.

Dados Internacionais de Catalogação na Publicação (CIP)
(Câmara Brasileira do Livro, SP, Brasil)

Freitas, Luiz Carlos de
Ciclos, seriação e avaliação : confrontos de lógicas / Luiz Carlos de Freitas. -- São Paulo : Moderna, 2003. — (Coleção cotidiano escolar)

Bibliografia.

1. Avaliação educacional 2. Ciclos 3. Educação – Filosofia 4. Pedagogia I. Título. II. Série.

03-4801 CDD-370.1

Índices para catálogo sistemático:
1. Educação : Lógicas : Filosofia 370.1

ISBN 85-16-03901-3

EDITORA MODERNA LTDA.
Rua Padre Adelino, 758 - Belenzinho
São Paulo - SP - Brasil - CEP 03303-904
Vendas e Atendimento: Tel. (0_ _11) 6090-1500
Fax (0_ _11) 6090-1501
www.moderna.com.br
2007
Impresso no Brasil

Para Carolina.

Duas são as principais funções atribuídas à escola e aos professores: a exclusão do sistema de ensino dos alunos das classes sociais inferiores e a que definimos como socialização à subordinação, isto é, a transmissão ao jovem de valores compatíveis com o seu futuro papel de subordinado.

Maurício Tragtenberg, *Sobre Educação, Política e Sindicalismo.*

APRESENTAÇÃO

Nesta última década, apareceu com maior nitidez a proposta de organizar a escolarização formal dos estudantes em ciclos[1]. Essa possibilidade foi dada pela promulgação da Lei de Diretrizes e Bases da Educação Nacional (LDB), que em seu artigo 23 diz: *A educação básica poderá organizar-se em séries anuais, períodos semestrais, ciclos, alternância regular de períodos de estudos, grupos não-seriados, com base na idade, na competência e em outros critérios, ou por forma diversa de organização, sempre que o interesse do processo de aprendizagem assim o recomendar.*[2]

---

[1]Para uma visão de conjunto de experiências com ciclos e progressão continuada, ver MAINARDES, "Organização da escolaridade em ciclos: ainda um desafio para os sistemas de ensino", in FRANCO, 2001 (org.), p. 35-54.

[2]Na legislatura de 2002, foi apresentado no Congresso um Projeto de Lei que propunha uma reformulação na LDB para retirar a palavra "ciclos" do artigo 23. Com o final da legislatura, como não foi recuperado pelo autor nem por outro deputado, foi arquivado. Isso mostra o grau de indisposição que a utilização dos ciclos como organização pedagógica tem suscitado.

Experiências importantes, para citar apenas duas, incluem a Prefeitura Municipal de Belo Horizonte, na qual essa forma de trabalho foi iniciada em 1994, e a Secretaria da Educação do Estado de São Paulo, que implantou a progressão continuada em 1998 e chegou a acoplar esta a um processo de avaliação externa em que se atribuíam cores às escolas segundo seu grau de eficácia. Por caminhos diferentes, cada uma dessas experiências vem procurando reordenar os tempos da escola e vem revelando os limites, as possibilidades e os impasses destas e das políticas públicas que cercam sua implantação.

Os processos avaliativos, os quais são centrais na atual forma de organização da escola, não poderiam passar ilesos neste reordenamento de tempos e espaços. Não bastasse a própria ênfase dada pelas políticas públicas a tais processos avaliativos, dentro da escola a experiência com ciclos fez brotar um debate bastante intenso sobre as práticas avaliativas, envolvendo professores, estudantes, dirigentes e até mesmo os pais.

Souza e Alavarse advertem que: *Embora se observe o emprego generalizado da expressão ciclos, na literatura, na legislação e em documentos de várias redes públicas de ensino do país, para caracterizar uma organização de ensino oposta à seriação, uma análise mais detalhada de seu emprego indica uma diversidade de conceitos, bem como de iniciativas de organização escolar* (2003, p. 7).

Com o intuito de demarcar inicialmente nosso entendimento do que seja "ciclo", gostaríamos de diferenciar, a partir dos exemplos já citados (Belo Horizonte e São Paulo), duas formulações que são correntemente chamadas de "ciclos", mas que a nosso ver não deveriam sê-lo: trata-se da diferenciação entre a estratégia de "organizar a escola por ciclos de formação que se baseiem em experiências socialmente significativas para a idade do aluno" e de "agrupar séries com o propósito de garantir a progressão continuada do aluno". Como veremos, a primeira exige uma proposta global de redefinição de tempos e espaços da escola, enquanto a segunda é instrumental — destina-se a viabilizar o fluxo de alunos e tentar melhorar sua aprendizagem com medidas de apoio (reforço, recuperação etc.). Uma e outra têm seus problemas, mas são concepções diferenciadas; chamaremos de ciclo apenas experiências como a primeira, reservando para a segunda seu nome correto: progressão continuada. No restante deste livro, portanto, progressão continuada não será considerada uma proposta ciclada.

Sendo mais generosos que nós, alguns autores como, por exemplo, M. G. Arroyo, refletindo sobre essa questão da definição de ciclos, propõem que façamos a distinção "adjetivando" os ciclos. Assim, a primeira proposta seria denominada de Ciclos de Formação e a segunda, Ciclos de Progressão Continuada. Entretanto, menos generosamente, propomos que se dê o nome que corresponde, de fato, à natureza da proposta, reservando apenas para as propostas mais amplas, como a primeira, o nome de "ciclos".

No capítulo que segue, ao discutir a lógica da escola vamos mostrar como a concepção de progressão continuada é herdeira da tradição clássica dos estudos de *mastery learning* ou "aprendizagem pelo domínio", propostos por Bloom, Hastings e Madaus há mais de trinta anos e não caracteriza, de fato, avanço em suas concepções educacionais. Tais propostas em nada "arranham" a função social historicamente atribuída à escola, que é a de "ensinar a submissão e de excluir".

Examinada a lógica da escola, faremos uma discussão sobre a lógica da avaliação, desvelando seus aspectos informais (avaliação informal) e mostrando como estes são chamados à cena na sala de aula quando as conseqüências da avaliação formal (reprovação) são retiradas.

Esclarecidas as lógicas da escola e de sua avaliação, voltaremos aos ciclos e faremos uma discussão mais detalhada de como eles podem ser importantes na redefinição da escola, ampliando assim o debate que começamos nesta introdução. Nessa tarefa, estaremos sendo ajudados pelas concepções de organização escolar do pedagogo russo Moisey Mikhaylovich Pistrak (1888-1940).

Finalmente, procuraremos fazer algumas reflexões sobre concepções de educação e de políticas públicas, inserindo os ciclos em uma perspectiva de mudança mais ampla e ressaltando que sua importância está mais ligada à resistência necessária à lógica da seriação e à função excludente da escola do que ao seu uso como solução pedagógica.

Sempre que possível, deixamos de lado a discussão mais acadêmica e procuramos abordar as idéias de uma maneira direta e simples, na expectativa de ampliar o número de leitores. Esperamos ter atingido nosso objetivo. Ao longo do texto, citamos outras fontes, nas quais o leitor interessado poderá aprofundar seu conhecimento.

Meus agradecimentos aos meus colegas e aos estudantes do Laboratório de Observação e Estudos Descritivos (Loed) na Faculdade de Educação da Unicamp, onde a maior parte dos estudos que dão base a este livro foi realizada.

1. A LÓGICA DA ESCOLA

Ciclos de formação, progressão continuada, avaliação, promoção automática, reforço, programas de aceleração — eis alguns novos vocábulos introduzidos no cotidiano da escola nos últimos anos. Sob eles, há uma intrincada rede de relações, posturas políticas, práticas e concepções que transitam de forma encoberta. Nosso objetivo aqui será o de tentar entender essas políticas e práticas, desvelar um pouco de seu significado para o professor e para os administradores e, dentro do possível, apontar alguns caminhos que, se não podem ser tidos como panacéias, podem diminuir o grau de ansiedade hoje acumulado no interior das escolas e até mesmo gerar formas produtivas de lidar com esta complexa realidade.

A questão inicial a ser examinada nesta temática dos ciclos e da progressão continuada diz respeito a como se organizam os tempos e os espaços da escola. A escola é uma construção histórica (Vincente, Lahire & Thin, 2001). Não apareceu do nada. Foi constituída com uma determinada "forma" ao longo de um processo histórico que vai conformando seus tempos e o uso de seus espaços. O espaço mais famoso da escola é a sala de aula e o tempo mais conhecido é o da seriação das atividades e dos anos escolares. Essa construção obedece a certas finalidades sociais, já que a escola é uma instituição social. Pode-se mesmo dizer que a escola institui seus espaços e tempos incorporando determinadas funções sociais, as quais organizam seu espaço e seu tempo a mando da organização social que a cerca. A escola, portanto, não é um local ingênuo sob um sistema social qualquer. Dela, espera-se que cumpra uma determinada função.

Tem-se dito que a função da escola em nossa sociedade é "prover o ensino de qualidade para todos os estudantes, indistintamente". Os liberais propõem que a escola ensine todos os estudantes, independentemente do nível socioeconômico destes. Segundo essa versão, a desigualdade social deve ser compensada no interior da escola pelos recursos pedagógicos de que esta dispõe. A isso chama-se "eqüidade", segundo eles. Cabe à escola encontrar os meios de ensinar tudo a todos — essa é uma das funções proclamadas com muita força nos últimos anos. Embora achemos tal função muito restrita, não vamos discuti-la por enquanto. A tese da escola eficaz, com eqüidade, afirmou-se em contraposição ao susto que Coleman e seus colegas (1966) deram ao elaborar um relatório concluindo que os achados de suas pesquisas nos Estados Unidos permitiam a eles questionar se a escola fazia diferença na aprendizagem do aluno, já que o nível socioeconômico era mais determinante dos resultados desse aluno do que os recursos pedagógicos que poderiam ser arregimentados para prover sua aprendizagem.

Apesar de os estudos que se seguiram terem amenizado essa percepção de Coleman, eles não conseguiram alterar o fato de que o nível socioeconômico do aluno é uma poderosa variável explicativa de seu rendimento — ou seja, os estudantes aprendem de forma diferenciada na dependência de seu nível socioeconômico. Dessa maneira, não se pode transferir o problema da aprendizagem para a adequação ou não dos "recursos pedagógicos da escola", ocultando a diversidade de "nível socioeconômico dos alunos" gerada no âmbito de uma sociedade injusta. A correção introduzida nas conclusões de Coleman foi que, apesar do nível socioeconômico dos alunos, a escola pode fazer alguma diferença nessa relação, já que essa não é unidirecional e determinista. Ou seja, as coisas foram colocadas em seus devidos lugares. Mas o nível socioeconômico ainda saiu vitorioso como uma variável relevante na explicação do fracasso escolar — isso é do conhecimento de qualquer professor ao lidar com seus estudantes em sala de aula, sem mesmo precisar de grandes estudos confirmatórios. Essa também é a explicação dada pelo ministro da Educação do governo Fernando Henrique Cardoso, Paulo Renato Souza, quando tentou interpretar e justificar o mau desempenho de estudantes brasileiros em um teste internacional de Português e Matemática: *O sistema educacional brasileiro não opera no vácuo, ele é reflexo direto da situação social brasileira. Quando se leva em conta o desempenho segundo fatores como idade, faixa de renda e escolaridade dos pais, a variável que causa a maior diferença de média é a faixa de renda do participante. (...) Quanto menor a escolarização dos pais pior o desempenho do aluno. Não adianta pegar um aluno da escola pública do Jardim Ângela, em São Paulo, que nunca teve um único livro dentro de casa, e querer que ele tenha o mesmo desempenho dos filhos das famílias de leitores deste jornal, que possivelmente já estão na segunda ou terceira geração de ensino superior* (Souza, 2001).

Vemos, então, que a escola não é uma ilha no seio de uma sociedade e que não pode fazer tudo, independentemente das condições desta mesma sociedade. Ela tem um papel a jogar na formação do aluno, mas esse papel não pode ser visto de forma ingênua, como se a escola tudo pudesse. Há limites sérios impostos de fora para dentro — Coleman talvez tenha exagerado, mas os estudos que se seguiram não negaram esse fato, apenas o relativizaram.

A questão, portanto, permanece. O papel da escola é o de "ensinar com qualidade todos os seus alunos" — sabedora de que não está isolada e de que os acontecimentos e a forma como a sociedade está organizada ao redor dela afetam o cumprimento desse papel.

Em resumo, para os que olham para a eficácia da escola na perspectiva ingênua da eqüidade, o que resta a fazer é estudar e divulgar quais fatores intrínsecos à escola (recursos pedagógicos e escolares, tamanho da escola, estilo de gestão, treinamento do professor etc.) afetam o aumento da qualidade da aprendizagem (proficiência do aluno), apesar das influências do nível socioeconômico sobre o qual, dizem, nada se pode fazer. Este é o sonho liberal: independentemente do nível socioeconômico (ou, como se diz, descontados os efeitos do nível socioeconômico) todos os alunos deveriam aprender em um nível de domínio elevado. Os socialistas não discordarão do fato de que a escola deva ensinar todos os alunos em um nível elevado de domínio, mas atacarão o problema por outro ângulo — pela necessidade da eliminação dos desníveis socioeconômicos e da distribuição do capital cultural e social, o que supõe discutir como se acumulam outras formas de capital (o econômico, por exemplo).

O objetivo dessa breve discussão foi exemplificar com um fator (o nível socioeconômico) as intensas trocas que existem entre a instituição escolar e a sociedade que a cerca. Isso significa que não podemos ingenuamente afirmar que a forma que a escola assumiu na sociedade capitalista esteja voltada para ensinar tudo a todos. Esse pode ser o nosso desejo, mas está longe de ser o compromisso social da escola na atual sociedade. A razão é que há uma hierarquia econômica fora da escola que afeta a constituição das hierarquias escolares — queiramos ou não, gostemos ou não. Que elas não sejam deterministas, que possam ser alteradas mais para lá ou mais para cá, somente afirma sua existência. Não bastasse isso, há uma sociedade constituída sob a égide da competição. Como podem todos aprender tudo? As aptidões, dirão, não se distribuem igualmente para todos — há os mais aptos e os menos aptos. É normal, dirão novamente, que os mais aptos adquiram mais e os menos aptos, menos. E o que dizer do esforço pessoal? Nem todos se esforçam da mesma maneira. Aos mais esforçados devem corresponder níveis mais altos de domínio; aos menos esforçados, níveis mais baixos. Toda essa lógica nos faz duvidar da função social da escola proclamada pelos liberiais: "ensino de qualidade para todos". Aqui é necessário diferenciar entre o desejo e a realidade. Aliás, esse é aparentemente o permanente confronto existente na implantação dos ciclos e da progressão continuada.

Curiosamente, foram os próprios liberais que denunciaram a lógica perversa dos tempos e espaços da escola, há pelo menos quarenta anos com J. Carroll e há mais de trinta anos com Bloom, Hastings e Madaus (1971): *(...) dado suficiente tempo e apropriadas formas de ajuda, 95% dos estudantes podem aprender a matéria com um alto grau de domínio*, já diziam eles. Ou seja, como dirão, a unificação dos tempos é responsável pela diversificação dos desempenhos. Vale dizer que, se submetermos os diferentes ritmos dos alunos a um único tempo de aprendizagem, produziremos a diferenciação dos desempenhos dos alunos. Cada um caminhará a seu ritmo dentro de um mesmo tempo único — logo, uns dominam tudo e outros, menos. Caso se queira unificar desempenhos (nível elevado de domínio para todos), há que se diversificar o tempo de aprendizagem. Para tal, é preciso permitir que cada um avance a seu ritmo usando todo tempo que lhe seja necessário. Estava desvelado o nó da escola — "a seriação intra e extraclasse das atividades, com tempo único". Mas note-se que não basta dar ao aluno todo tempo necessário: é preciso que ele tenha ajuda igualmente diferenciada para aprender (materiais diversificados, ajuda pontual durante o processo de aprendizagem), de forma que esse tempo adicional necessário possa ser suportável para a escola e para o próprio aluno em sua aprendizagem. "Estava também indicado o elemento-chave para tornar a diversificação do tempo eficaz — existência de 'apropriadas formas de ajuda' disponíveis para lidar com os diferentes alunos."

Podemos dizer que esses são os antecedentes da concepção de progressão continuada. A idéia, neste caso, é reorganizar a escola juntando séries, retirando da avaliação o poder de reter o aluno intra-séries de um "ciclo" e introduzindo inovações pedagógicas como forma de compensar os efeitos das diferenças socioeconômicas, em uma tentativa de permitir ritmos diferenciados em espaços maiores de tempo (pelo menos em teoria).

O ataque de Bloom e de seus colaboradores vai mais longe. Atacam a própria noção de que os alunos se distribuem de acordo com a curva normal estatística, ou seja, a idéia de que os alunos se distribuem de forma concentrada em torno da média e de que se afastam dela, para mais ou para menos, em menor quantidade, o que explicaria que, em uma classe, a grande maioria dos alunos estivesse concentrada em torno a desempenhos médios, uma pequena porção se destacasse por desempenhos elevados e a outra pequena porção por desempenhos medíocres, como norma. Por essa definição, uma classe nunca poderia ter nota máxima de forma generalizada, pois isso não estaria de acordo com a curva normal que pede que haja uma grande concentração em torno da média, alguns destaques de notas altas e outros de notas baixas. É assim que alguns acreditam que deva ser o resultado da avaliação dos alunos. Diz-se que se um professor permite que todos os alunos tirem nota máxima, isso não é sinônimo de bom desempenho da classe, mas de facilitação por parte do professor — não se aceita que toda uma classe possa tirar nota máxima sem se duvidar das práticas do professor.

Diferentemente ocorre em outras profissões em que um único caso malsucedido pode afetar a própria imagem do profissional — como na medicina ou na engenharia civil. Nesses casos, basta um insucesso para se desacreditar o profissional. Entretanto, na área educacional, tenta-se justificar que os alunos tenham desempenhos diferenciados devido ao fato de que eles se distribuem em suas capacidades e aptidões segundo a curva normal que os diferencia "naturalmente".

Bloom e seus colaboradores atacam essa noção dizendo: *A maioria dos estudantes (talvez mais de 90%) pode dominar o que nós temos para ensinar a eles, e é tarefa da instrução encontrar os meios que possibilitarão a eles o domínio da matéria sob consideração. (...) Não há nada sagrado com a curva normal. Ela é a distribuição mais apropriada para uma atividade aleatória e ao acaso. A educação é uma atividade intencional, e nós temos que procurar que os alunos aprendam o que nós temos para ensinar. Se nós formos eficazes em nossa instrução, a distribuição do desempenho poderia ser muito diferente da curva normal. De fato nós podemos mesmo insistir em que nossos esforços educacionais terão sido um insucesso na medida em que a distribuição do desempenho se aproxime da curva normal. (...) Colocando de forma resumida, o modelo proposto por Carroll (1963) torna claro que se os estudantes são distribuídos normalmente em relação à aptidão por alguma matéria (matemática, ciências, literatura ou história, por exemplo) e todos os estudantes são providos com exatamente a mesma instrução (mesma em termos de quantidade e qualidade da instrução e de tempo disponível para aprendizagem) o resultado final será a curva normal (...). Além disso, a relação entre aptidão e desempenho será razoavelmente alta (uma correlação de +0.70 ou superior é esperada se as medidas da aptidão e do desempenho são válidas e confiáveis). Contrariamente, se os estudantes são normalmente distribuídos em relação à aptidão mas o tipo e a qualidade da instrução e a quantidade do tempo disponível para aprendizagem são feitos apropriados para as características e necessidades de cada estudante, pode-se esperar que a maioria dos estudantes domine a matéria. E a relação entre aptidão e desempenho seria próxima de zero* (ibidem, p. 43-45).

Em que pese o avanço desses autores no que tange à crítica da curva normal e ao reconhecimento explícito da perversidade dos tempos escolares unificados na formação de desempenhos diversificados, suas propostas não conseguiram superar a idéia de que os recursos pedagógicos devem compensar os efeitos das condições sociais perversas que instituem os diferentes ritmos de aprendizagem nos alunos. Isso os coloca no campo dos autores que vêem a escola como forma de compensar as desigualdades sociais. A progressão continuada é herdeira dessa tradição.

Como aponta Bertagna ao examinar a progressão continuada no Estado de São Paulo: *A progressão continuada foi instituída no Estado de São Paulo pelo Conselho Estadual de Educação (CEE, Deliberação nº 9/97) e adotada pela Secretaria de Estado da Educação*

(SEE), a partir de 1998, na forma de ciclos para o ensino fundamental, regular ou supletivo. A progressão continuada permite uma nova forma de organização escolar, conseqüentemente uma outra concepção de avaliação. Se antes aprovava-se/reprovava-se ao final de cada série, agora se espera que a escola encontre diferentes formas de ensinar que assegurem a aprendizagem dos alunos e o seu progresso intra e interciclos. (...) A denominação progressão continuada foi adotada, como enfatizam diversos textos oficiais, porque extrapola a compreensão da aprovação automática no sentido apenas de implementação de uma norma administrativa, mas contempla o aspecto pedagógico, a crença de que toda criança é capaz de aprender. Então, sempre ocorrerá progresso de aprendizagem mesmo que em níveis diferentes. Atrelada a essa concepção está o respeito ao ritmo de aprendizagem dos alunos. Cada qual tem o direito de se desenvolver no seu ritmo natural e a escola, portanto, deve garantir a aprendizagem do aluno (Bertagna, 2003, p. 79-81).

Note-se que a raiz da justificativa está baseada em ritmos diferenciados de aprendizagem que devem ser aceitos e respeitados como um dado "natural" da realidade. A responsabilidade da escola na garantia da aprendizagem do aluno é claramente estabelecida a partir dos recursos escolares, que devem ser eficazes, descontados os efeitos do nível socioeconômico. Ou seja: a escola deve ser uma escola com eqüidade e eficácia. Com eqüidade porque deve ensinar a todos e eficaz porque não basta ensinar pouco a todos, e sim muito a todos — a despeito da desigualdade social do lado de fora da escola. Na prática, entretanto, a escola não é receptiva a esta nova lógica dos tempos de aprendizagem diferenciados, como mostra a prática da progressão continuada em vários estados.

Ainda, segundo Bertagna (2003): *(...) a diferenciação entre progressão continuada e promoção automática, enfatizada nos textos oficiais, é assim apresentada: na progressão continuada (...) a criança avança em seu percurso escolar em razão de ter se apropriado, pela ação da escola, de novas formas de pensar, sentir e agir; e na promoção automática, a criança (...) permanece na unidade escolar, independentemente de progressos terem sido alcançados (São Paulo/Estado, 1998d, p. 2-3)* (idem, p. 81).

Com essa concepção de progressão continuada, agrupando-se da 1ª à 4ª série em um módulo e da 5ª à 8ª série em outro, foi organizado o ensino no Estado de São Paulo. A lógica é a mesma de Bloom e diz: *(...) ser contra a progressão continuada é, em nosso entender, negar a evi-*

dência científica de que toda criança é capaz de aprender, se lhe forem oferecidas condições para tal; ou seja: respeito a seu ritmo de aprendizagem e a seu estilo cognitivo, bem como recursos para que interaja de modo profícuo com os conhecimentos (São Paulo/Estado, 1998d, p. 2). (Citado em Bertagna, 2003, p. 83).

A questão que estamos perseguindo neste capítulo é o entendimento da forma como a escola funciona atualmente. Já indicamos que essa forma não é ingênua, sem propósito, e já vimos que embute em sua constituição uma maneira particular de organizar os tempos e os espaços da escola de modo a impor um único ritmo de aprendizagem a todos. Tanto Bloom como a proposta da progressão continuada vão atacar essa forma de organizar a escola em tempos únicos e com ações pedagógicas indiferenciadas. Seria isso uma tarefa possível?

Como foi sendo instituída a avaliação dentro da atual forma que a escola tem? Para responder a essa questão, temos de perguntar antes: Como se instituiu a atual forma da escola? Para compreendermos isso e também aprendermos o papel que a avaliação passou a ter na escola, é fundamental entendermos o processo histórico de distanciamento da escola em relação à vida, em relação à prática social. Esse afastamento foi ditado por uma necessidade ligada à formação social capitalista, a qual, para apoiar o desenvolvimento das forças produtivas, necessitou de uma escola que preparasse rapidamente, e em série, recursos humanos para alimentar a produção de forma hierarquizada e fragmentada — e isso só era possível ser feito de forma escolarizada.

Foi exatamente esse afastamento da vida real que levou aos processos de aprendizagem propedêuticos e artificiais, necessários para facilitar a aceleração dos tempos de preparação dos alunos. Todos sabemos que ensinar de uma maneira tradicional — verbal e por série — é mais rápido do que por métodos ativos que exijam a participação do aluno. As necessidades de preparação de mão-de-obra do capitalismo forçaram o aparecimento da instituição escola na forma atual. O conhecimento foi partido em disciplinas, distribuído por anos e os anos foram subdivididos em partes menores que servem para controlar uma certa velocidade de aprendizagem do conhecimento. Convencionou-se que uma certa quantidade de conhecimento devia ser dominada pelos alunos dentro de um determinado tempo. Processos de verificação pontuais indicam se houve ou não domínio do conhecimento. Quem domina avança e quem não aprende repete o ano (ou sai da escola).

A necessidade de introduzir mecanismos artificiais de avaliação (prova, testes etc.) foi motivada pelo fato de a vida ter ficado do lado de fora da escola. Com isso, ficaram lá também os "motivadores naturais" para a aprendizagem, obrigando a escola a lançar mão de "motivadores artificiais" — foi desenvolvido um sistema de avaliação com notas como forma de estimular a aprendizagem e de controlar o comportamento de contingentes cada vez maiores de crianças que acudiam à escola e tinham de ficar dentro delas, imobilizadas, ouvindo o professor. O isolamento e o artificialismo da escola levaram a uma avaliação igualmente artificial.

Os processos de avaliação tomam o lugar dos motivadores naturais e passam a ser a principal ancoragem, além da pressão familiar, para produzir a motivação para o estudo. Como na escola aprendem-se/ensinam-se relações, a avaliação assume a forma de uma "mercadoria" com as características de dualidade existentes na sociedade capitalista: valor de uso e valor de troca, com predomínio do último sobre o primeiro. "Aprender para trocar por nota."

O aluno é cada vez mais conformado a ver a aprendizagem como algo que só tem valor a partir da nota (ou aprovação social), que lhe é externa, e a troca pela nota assume o lugar da importância do próprio conhecimento como construção pessoal e poder de interferência no mundo. O processo de avaliação adquire centralidade na escola, porque faz parte da gênese do aparecimento da forma escolar — separada da vida.

É comum os alunos indagarem para que serve o que estão aprendendo. Professores têm de se desdobrar para conseguir motivar os alunos. Tudo isso porque a escola é vista como preparação para a vida, e não como a própria vida. Isolados em salas de aula, assistem das janelas da escola à vida passar. Estão "enclausurados", à espera de poder viver quando chegar a hora. O saber é passado verbalmente ou por meio de livros ou materiais impressos — são impedidos de aprender com a natureza e com a sociedade. Tal é o isolamento e a artificialização a que são submetidos os alunos. Entretanto, a sala de aula é uma construção histórica com finalidades claras de aprendizagem de determinadas relações sociais vigentes na sociedade que a cerca.[3]

[3]Essa é a razão pela qual J. C. Libâneo equivoca-se ao assumir a "aula" como unidade básica da didática, seguindo a tradição russa instalada na reforma educacional de 1931, quando as teses antagônicas aos pioneiros da Revolução Russa tornam-se hegemônicas, já sob o governo de Stalin. A aula remete para a forma "escola", para a forma "sala de aula", produto histórico que encarna determinadas relações de poder que não são afetadas simplesmente pelo fato de se abordar criticamente o conteúdo escolar.

Não foi o professor quem inventou essa lógica: ela faz parte da própria gênese da escola. Não é apenas uma questão de sistema seriado ou não: trata-se de uma concepção de como se organiza todo o trabalho pedagógico, as relações de produção de conhecimento e de poder, em que a existência de séries é apenas mais um elemento, e não o único. Essa lógica escolar é tão comum e corrente, que é dada como certa, sem questionamento — o professor não tem poder para mudá-la, é obrigado a trabalhar supondo-a.

O "desconhecimento" dessa lógica faz alguns pensarem que podem interferir nela a partir de decretos. Decretos, entretanto, não chegam a afetar a trama do processo educativo, repleto de representações entre alunos e professores, na qual está sediado o real processo de avaliação, ainda que informal, como veremos. Testes e provas são apenas indicadores tênues desses processos informais. Entretanto, quando há falhas na escola, a culpa é colocada, rapidamente, no professor (ou no aluno), e não nessa lógica oculta. É difícil pensar na escola em outro formato que não seja o atual (e que não foi criado por acaso).

O economista Cláudio de Moura Castro escreveu, indignado, na revista *Veja* de 5 de maio de 2002, sob o título "A hora da sala de aula", um pequeno relato de como funciona essa lógica: *Pesquisas do Banco Mundial mostram que a jornada escolar é curta e uma baixa proporção do tempo é gasta em tarefas propriamente escolares. Há intervalos sem professor em sala de aula e professores que cuidam de um ou outro aluno e deixam os demais sem ter o que fazer. Erro grave é o excessivo tempo que o professor gasta escrevendo no quadro, os alunos copiando e respondendo a perguntas desinteressantes — 25% a 47% do tempo. Os professores passam dever de casa em um volume muito pequeno. Em alguns Estados, os alunos levam tempo demais cortando e colando, em vez de exercitar a leitura em livros apropriados para a idade. De resto, boa parte das leituras não é feita nos livros comprados para tal. Nas escolas do Nordeste, a maioria das crianças da 5ª série não consegue ler nem fazer cálculos simples. Também o teste do Pisa mostra que ensinamos a ler errado. Ensinamos o aluno a dar asas à imaginação, mas sem entender o que está escrito. Ou seja, as visitas às salas de aula confirmam o que os testes mostram: estamos mal* (Castro, 2002).

Defensor das medidas de ajuste neoliberal na escola, ainda que tardiamente, o autor descobre onde ocorre a aprendizagem: na sala de aula. Isso é bom. Entretanto, a forma escola com suas salas de aula não é compreendida pelo autor como uma instituição social que opera em uma sociedade hierarquizada economicamente e que pede à escola que distribua seletivamente o conhecimento. Isso implica criar na escola não apenas trilhas diferenciadas de progressão, mas também alunos diferenciados que possam ocupar posições diferenciadas na estrutura socioeconômica. Aqui, a eqüidade é reduzida a dar a possibilidade ao aluno de reproduzir-se como membro de uma classe social à qual ele já pertence — quando muito. Ou, dito de outra forma: "*O capital cultural e o* ethos, *ao se combinarem, concorrem para definir as condutas escolares e as atitudes diante da escola, que constituem o princípio da eliminação diferencial das crianças das diferentes classes sociais*" (Bourdieu, 2001, p. 50).

Nos contatos com professores e administradores escolares, é curioso notar como se surpreendem e questionam a avaliação classificatória — a nota — e deixam passar incólume a hierarquização socioeconômica que influencia a classificação no interior da organização escolar.

A introdução da progressão continuada trouxe para o debate uma nova visão sobre a questão da exclusão do aluno da escola. Por exclusão, agora, não se deve entender mais que a criança seja, necessariamente, excluída e colocada "fisicamente" para fora da escola — há também uma exclusão no interior da escola. E mais: não é só dentro da escola; ao retornar à sociedade também, pois *(...) o rendimento escolar da ação escolar depende do capital cultural previamente investido pela família e (...) o rendimento econômico e social do certificado escolar depende do capital social — também herdado — que pode ser colocado a seu serviço* (Bourdieu, 2001, p. 74). Esconder tudo isso sob o rótulo de "reprodutivismo" é uma manobra oportunista (Freitas, 1991).

A forma escola, portanto, não é ingênua, neutra, equalizadora em sua organização (para não dizer em sua arquitetura). Ela é modulada por fatores que ocorrem fora dela e que "disputam" a definição de seus espaços e tempos. Como salienta Freinet, sobre as origens da escola pública: *O capitalismo triunfante instituiu, pois, a escola pública, que também foi, pelo menos durante certo período, adequada às finalidades especiais que a fizeram nascer. No fundo, e quaisquer que fossem as teorias e os discursos dos universitários idealistas, não se tratava de elevar o povo, mas de prepará-lo para realizar com a eficiência mais racional possível as novas tarefas que o maquinismo lhe ia impor. Ler, escrever, contar tornavam-se técnicas básicas, sem as quais o proletário não era mais que um operário medíocre. E, ao mesmo tempo, os rudimentos de literatura, de ensino geográfico, histórico, científico e moral deviam completar a adaptação do indivíduo ao âmbito estreito de seu novo destino econômico* (2001, p. 2).

Algo mais ou menos parecido volta a ocorrer mais recentemente, com a reestruturação produtiva que foi desenvolvida após 1970, para retomar taxas de acumulação de riqueza em queda.

Enfrentar a forma escola constituída com a finalidade que salienta Freinet implica muito mais resistência e criatividade do que otimização de fatores. Também no passado acreditou-se que, se controlássemos melhor o professor, introduzindo os especialistas na escola — coordenadores, supervisores —, e aprimorássemos a gestão da escola e a preparação dos professores, os problemas seriam resolvidos. Antes, como agora, essa abordagem se esquece de que os problemas da escola, os mais graves, têm origem histórico-social. Há uma lógica constituída e que reage à mudança de sua função social predominantemente excludente e seletiva. Daí as dificuldades da progressão continuada e dos ciclos, para se instituírem e para alterarem as regras do jogo da escola.

A escola é um pouco mais complexa do que um conjunto de variáveis a serem manipuladas, e os valores dessas variáveis são de difícil estabilização e transferência para outras situações[4].

Enfim, a "forma escola" constitui-se em uma maneira de organizar o trabalho pedagógico a mando de funções sociais que são atribuídas à instituição escolar. Contrariar essa lógica é, no âmbito de nossa sociedade atual, um processo possível apenas como resistência. Isso não diminui sua importância como possibilidade, mas alerta para seus limites.

Já virou praxe na educação cair-se em desânimo quando se revelam os limites que a sociedade impõe à escola. Não é esse nosso objetivo. Acreditamos que conhecendo os limites é que podemos nos organizar melhor para intervir sobre a escola — isso é melhor do que fazer de conta que aqueles limites não existem ou do que tentar neutralizar os efeitos socioeconômicos em um

[4]Isso não significa dizer que nada há a ser aprendido com os estudos quantitativos e com as avaliações em larga escala. Significa que devemos colocá-los em seu devido lugar.

modelo teórico. O que estamos querendo dizer é que os ciclos e mesmo a progressão continuada contrariam — cada um a seu modo e com profundidades diferenciadas — uma lógica escolar que não é desconstruída sem resistência.

Vemos os ciclos positivamente, mas não como uma mera solução pedagógica para um problema de desempenho escolar do aluno, e sim como um longo e necessário processo de resistência de professores, alunos e pais à lógica excludente e seletiva da escola. Como processo de resistência, é algo que deve ser valorizado pelo grau de mobilização que permite arregimentar (em todas as suas formas). Nesse processo, os ciclos estão mais instrumentalizados teórica e praticamente. Mas que avaliação é possível ser feita dentro desta lógica de escola? É o que veremos no próximo capítulo.

É importante agregar que, para além dessa lógica da exclusão, há ainda reservada uma lógica adicional para os que se "adaptam" e permanecem na escola. Muito temos falado dos excluídos da escola, mas é preciso incluir nessa discussão o que ocorre com os que permanecem na escola e até mesmo com os "excluídos de dentro", que permanecem — apesar de excluídos — no interior da escola, como veremos.

Segundo Enguita: *Professores e pais costumam prestar pouca atenção àquilo que não seja o conteúdo do ensino, isto é, da comunicação e o mesmo faz a maioria dos estudiosos da educação. Entretanto, apenas uma pequena parte do tempo dos professores e alunos nas escolas é dedicada à transmissão ou aquisição de conhecimentos. O resto, a maior parte, é empregado em forçar ou evitar rotinas, em impor ou escapar ao controle, em manter ou romper a ordem. A experiência da escolaridade é algo mais amplo, profundo e complexo do que o processo de instrução* (1989, p. 158).

Essa outra grande parte do tempo escolar é destinada à vivência de práticas de submissão. Tudo está previamente definido para o aluno, cabendo a ele executar. É a lógica da submissão aos tempos e às autoridades da escola. Quando muito é chamado a participar de forma "representativa", sem poder experimentar um exercício concreto de poder que o permita tomar em suas mãos a vida escolar e aprender a organizá-la e construí-la como "sua vida escolar". É um lugar em que aprende a futura mortificação do trabalho alienante que o espera fora da escola.

A lógica da exclusão se completa com a lógica da submissão: melhor ainda, uma dá suporte para a outra. Os processos avaliativos, como iremos ver, possuem um lado destinado ao controle do comportamento, além da dimensão da avaliação instrucional. A sofisticação das formas de controle da escola, em nossa sociedade, percebe que, ainda que o aluno permaneça na escola sem aprender Português e Matemática, há o ganho com o cumprimento da outra lógica — a da incorporação de práticas de submissão. Para o sistema, ideologicamente, é importante ter todas as crianças dentro da escola. Caso não aprendam o conteúdo escolar, no mínimo aprenderão a ser submissas. A simples estada do aluno na escola já ensina as relações sociais hegemônicas ali presentes: submissão, competição e obediência a regras. A questão, portanto, não é apenas tornar a escola eficaz, mas discutir em que direção essa eficácia se dá, pois na escola há muito mais do que aprendizagem de Português e Matemática. Isso também deve levar a uma discussão sobre o conceito de qualidade: aprender bem Português e Matemática não é suficiente se considerarmos as outras lógicas existentes no interior da escola (a lógica da implantação de rotinas de adequação à submissão). A escola eficaz, então, seria aquela que, além de ensinar o conteúdo, prepara o estudante-cidadão para a autonomia e para a auto-organização, para a intervenção na sociedade com vistas a torná-la mais justa, no sentido da eliminação da exploração do homem pelo homem. Tudo depende de que fins atribuiremos à ação da escola.

Tais lógicas existentes na escola não são irreversíveis, mas para serem enfrentadas é preciso haver algum grau de resistência. Deixadas ao acaso, sem resistência, essas lógicas usuais se cumprem.

2. A LÓGICA DA AVALIAÇÃO

Como se dá a avaliação em nossa escola? Não aquela avaliação que desejaríamos que ocorresse, mas a real. Deixemos um pouco de lado a discussão sobre a progressão continuada e os ciclos e pensemos na avaliação normalmente feita na escola seriada.

A lógica da avaliação não é independente da lógica da escola. Ao contrário, ela é produto de uma escola que, entre outras coisas, separou-se da vida, da prática social. Tal separação, motivada por necessidades sociais de enquadramento da força de trabalho, trouxe a necessidade de se avaliar artificialmente na escola aquilo que não se podia mais praticar na vida e vivenciar. Isso colocou como centro da aprendizagem a aprovação do professor, e não a capacidade de intervir na prática social. Aprender para "mostrar conhecimento ao professor" tomou o lugar do "aprender para intervir na realidade". Essa é a raiz do processo avaliativo artificializado da escola e que passamos a descrever.

Como já sugerimos mais extensamente em outros textos (Freitas, 1995; Freitas, 2001), o fenômeno da avaliação em sala de aula tem pelo menos três componentes. O primeiro deles é o aspecto "instrucional" — o lado mais conhecido da avaliação —, pelo qual se avalia o domínio de habilidades e conteúdos em provas, chamadas, trabalhos etc. Boa parte das definições de avaliação capta somente esse elemento, ao enfatizar que "a avaliação é para saber o que o aluno aprendeu". Entretanto, esse não é o único nem o mais importante aspecto da avaliação. Há outros.

O segundo componente, constituído pela avaliação do "comportamento" do aluno em sala, é um poderoso instrumento de controle em ambiente escolar, já que permite ao professor exigir do aluno obediência às regras. O poder dessa exigência está ligado ao fato de o professor ter a possibilidade de aprovar ou reprovar a partir do elemento anterior, ou seja, a partir da avaliação da instrução. Esse é um lado freqüentemente esquecido quando se implantam os ciclos: o controle que o professor adquire sobre a sala de aula advém de seu poder de reprovar. Em uma escola que teve de artificializar-se como vimos, a avaliação faz mais que avaliar as habilidades e o conhecimento — ela cria uma estrutura de poder na sala de aula, na qual se apóia o controle do professor sobre o aluno. Não é uma boa forma de controle, mas não a levar em conta pode resultar em alto custo. Quando os ciclos ou a progressão continuada impedem o uso da avaliação como forma de reprovar ou reter o aluno supondo que se está apenas interferindo com o plano instrucional (primeiro aspecto constitutivo da avaliação), impedem adicionalmente o exercício de poder do professor no processo de ensino–aprendizagem na sala de aula (segundo componente da avaliação), sem nada colocar no lugar, nem sequer a preparação do professor e dos alunos para a nova situação. Como não há motivadores naturais que o professor possa utilizar, a retirada dos motivadores artificiais (nota, reprovação etc.) desestabiliza as relações de poder existentes, obrigando o professor a lançar mão de outras formas de controle, nem sempre mais adequadas.

Finalmente, existe o terceiro aspecto: a avaliação de "valores e atitudes", que ocorre cotidianamente em sala de aula e que consiste em expor o aluno a reprimendas verbais e físicas, comentários críticos e até humilhação perante a classe, criticando seus valores e suas atitudes. Cabe enfatizar que é no campo da avaliação de valores e atitudes, bem como no da avaliação do comportamento do aluno, que se instala preferencialmente a lógica da submissão. A utilização da avaliação instrucional em articulação com estas duas outras dimensões cria o campo necessário para que se exercitem relações sociais de dominação e submissão ao professor e à ordem. É o conjunto desses aspectos que denominamos "avaliação em sala de aula".

Nossa análise da avaliação, entretanto, ainda não está completa. É preciso considerar que ela ocorre em dois planos: um "formal" e outro "informal". Foi Perrenoud quem primeiro nos alertou para essa duplicidade da avaliação: *Ponhamos a hipótese: — Por um lado, que as avaliações formalizadas nunca são independentes das avaliações informais, implícitas, fugidias, que se formam ao sabor da interação na aula ou refletindo sobre ela; — Por outro lado, que o comportamento do professor é tão influenciado pela avaliação informal como pela avaliação formal, particularmente quando atribui a cada aluno uma imagem do seu valor escolar (Perrenoud, P., 1986, p. 50. In: Allal, Carbinet & Perrenoud, p. 50).* No plano da avaliação formal, estão as técnicas e os procedimentos palpáveis de avaliação, com provas e trabalhos que conduzem a uma "nota"; no plano da avaliação informal, estão os "juízos de valor", invisíveis e que acabam por influenciar os resultados das avaliações finais, tendo sido construídos pelos professores e alunos nas interações diárias. Tais interações criam, permanentemente, representações de uns sobre os outros.

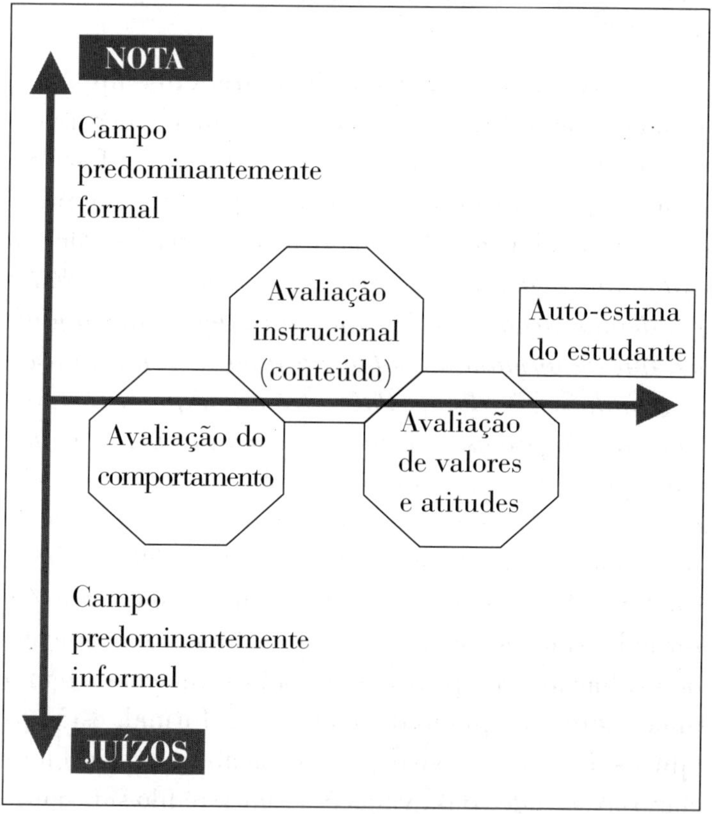

A parte mais dramática e relevante da avaliação se localiza aí, nos subterrâneos onde os juízos de valor ocorrem. Impenetráveis, eles regulam a relação professor–aluno e vice-versa. Esse jogo de representações vai construindo imagens e auto-imagens que terminam interagindo com as decisões metodológicas do professor. Os professores, se não forem capacitados para tal, tendem a tratar os alunos conforme os juízos que vão fazendo deles. Aqui começa a ser jogado o destino dos alunos, para o sucesso ou para o fracasso. As estratégias de trabalho do professor em sala de aula ficam permeadas por tais juízos e determinam, consciente ou inconscientemente, o investimento que o professor fará neste ou naquele aluno.

As relações entre professor e aluno, em nossa escola corrente, vão sendo marcadas por juízos construídos informalmente no dia-a-dia da sala de aula, num plano informal. Esse julgamento informal começa a construir para os alunos estratégias metodológicas diferenciadas em sala de aula, na dependência dos juízos. Quando a avaliação formal entra em cena, a avaliação informal já atuou no plano da aprendizagem, de maneira que aquela tende apenas a confirmar os resultados desta (ver Pinto, 1994; Freitas, 1995; Bertagna, 1997 e 2003). Essa maneira de avaliar é construída no âmbito da lógica da forma da escola (ver Sobierajski, 1992; Villas Boas, 1993; Godoi, 1997 e 2000) tal como discutimos no capítulo anterior.

Os procedimentos de avaliação estão, portanto, articulados com a forma que a escola assume como instituição social, o que, em nossa sociedade, corresponde a determinadas funções: hierarquizar, controlar e formar os valores impostos pela sociedade (submissão, competição, entre outros). Isso é feito a partir de uma triangulação entre a avaliação instrucional, a comportamental e a de valores e atitudes, cobrindo tanto o plano formal como o informal. Daí porque, mesmo que se retire a avaliação formal, como no caso da progressão continuada ou dos ciclos, os aspectos perversos da avaliação informal continuam a atuar e a zelar pela exclusão dos alunos (cf. Bertagna, 2003).

Como penetrar neste mundo pessoal do professor e do aluno? Certamente, não é por decretos e resoluções — nem pela avaliação externa. A questão que já se pode levantar é se a retirada da nota formal, para permitir a progressão continuada do aluno, afeta as ações do professor e do aluno no plano informal da sala de aula. A resposta pode ser encontrada nos graves problemas que a implantação dos ciclos de progressão continuada vem enfrentando.

Como a lógica da exclusão pode ser preservada, mesmo nos ciclos e em especial na progressão continuada? Bourdieu nos dá a pista: *Seria necessário mostrar aqui, evitando encorajar a ilusão finalista (ou, em termos mais precisos, o "funcionalismo do pior") como, no estado completamente diferente do sistema escolar que foi instaurado com a chegada de novas clientelas, a estrutura da distribuição diferencial dos benefícios escolares e dos benefícios sociais correlativos foi mantida, no essencial, mediante uma translação global de distâncias. Todavia, com uma diferença fundamental: o processo de eliminação foi diferido e estendido no tempo, e, por conseguinte, como que diluído na duração, a instituição é habitada, permanentemente, por excluídos potenciais que introduzem nela as contradições e os conflitos associados a uma escolaridade cujo único objetivo é ela mesma* (Bourdieu, 2001, p. 221, grifos nossos).

Examinando a reforma educacional portuguesa, Afonso Janela (2000) refere-se a esse novo fenômeno da seguinte forma: *Daí que neste contexto, a consagração legal da avaliação formativa seja também uma decisão ambígua. Por um lado, trata-se de procurar diminuir a selectividade na educação básica, e assim tentar melhorar os índices de sucesso escolar considerados muito baixos para os padrões europeus; por outro lado, espera-se que isso possa ser realizado através de um novo sistema de avaliação que, recusando a reprovação meramente administrativa, admita, todavia, a retenção pedagógica* (p. 82).

Valendo-se agora da "retenção pedagógica" em lugar da "reprovação por série", criam-se dentro dos ciclos ou da progressão continuada "trilhas diferenciadas de progressão", as quais conduzem a diferentes pontos de terminalidade: alguns se ajustam em profissões menos nobres, outros progridem em direção a profissões nobres e, como antes, um grupo é eliminado entre um ciclo e outro ou ao final de um ciclo, depois de ter sido guardado quatro anos na escola na categoria de "excluído potencial".

Dessa forma, a lógica da escola e da avaliação é restabelecida. Trilhas diferenciadas de progressão associadas à avaliação informal permitem que ela seja preservada até onde o sistema socioeconômico assim estabeleça para um determinado momento histórico. Atuando pesadamente na constituição da auto-imagem do aluno em associação às suas expectativas de classe, conformam-se as possibilidades do aluno e do futuro cidadão. Tudo ocorre como se fosse uma "auto-exclusão do aluno" que não teve condições de aproveitar as ricas oportunidades oferecidas durante sua escolarização (recuperação, reforço etc.).

Novamente aqui é preciso um alerta contra o derrotismo. Conhecer tal realidade não deve conduzir à inoperância, mas ser vista como uma necessidade para aqueles que acreditam na escola e querem fazer dela um local de resistência. Os ciclos e a progressão continuada, longe de fecharem portas, abrem possibilidades importantes de luta e resistência, desde que revelemos essas lógicas e nos preparemos para enfrentá-las em articulação com os pais e os alunos.

Um aspecto importante é que guardar todos os alunos dentro da escola, independentemente de terem aprendido ou não, dá mais visibilidade àqueles alunos que não aprenderam e que antes eram simplesmente expulsos da escola pela reprovação administrativa. A visibilidade do aluno que não aprende é percebida, erradamente, pelos pais e pela sociedade como um problema do ciclo ou da progressão continuada; entretanto, é produto da velha lógica da escola e da avaliação, já revelada por nós. No esquema seriado, tais alunos não incomodavam, pois eram eliminados do sistema, permanecendo nele somente quem aprendia. Nos ciclos e na progressão continuada, esses alunos permanecem no interior da escola, exigindo tratamento pedagógico adequado. Eles são uma denúncia viva da lógica excludente, exigindo reparação. A volta para o sistema seriado é uma forma de calar essa denúncia e precisa ser evitada.

3. A LÓGICA DOS CICLOS

Os ciclos procuram contrariar a lógica da escola seriada e sua avaliação. Só por isso, já devem ser apoiados. Não eliminam a avaliação formal, muito menos a informal, mas redefinem seu papel e a associam com ações complementares — reforço ou recuperação paralela, por exemplo. As possibilidades efetivas de maior sucesso dependem das políticas públicas e das concepções de educação que estão na base dos ciclos, as quais, por sua vez, são limitadas pela realidade da organização social vigente. Vamos procurar partir de uma concepção de ciclos que julgamos aceitável para incorporar a ela outras exigências que apontem para a paulatina superação, não só da lógica da exclusão (inclusive a feita pelo interior dos ciclos), mas também da lógica da submissão.

As experiências com ciclos — em especial as duas mencionadas anteriormente neste livro — foram conduzidas por diferentes propostas de governo e diferentes partidos políticos. Ambas acumulam êxitos e fracassos. Não será nosso propósito revisá-las; estudos específicos vêm dando conta detalhadamente de tais iniciativas (Alavarse, 2002; Bertagna, 2000; Dalben, 2000). Entretanto queremos destacar alguns pontos para reflexão, enfatizando a importância dos ciclos como forma de resistência à lógica da seriação.

Já diferenciamos, no início, progressão continuada de ciclos. Portanto, nesta parte estaremos nos referindo exclusivamente aos "ciclos de formação" (propostos pela Prefeitura Municipal de Belo Horizonte, por exemplo).[5] Diferentemente da progressão continuada em São Paulo, os ciclos propõem alterar os tempos e os espaços da escola: *Na organização tradicional, o eixo central é o processo de transmissão/assimilação dos conteúdos curriculares em que o aluno deve assimilar um mínimo de 60% dos conteúdos pré-definidos para a sua aprovação para a série seguinte, caso contrário deverá repetir esses conteúdos durante mais um ou vários anos letivos para assimilá-los. A Escola Plural*

---

[5]Sobre a experiência da Prefeitura de Belo Horizonte, pode-se consultar os trabalhos de Dalben, 2000a e 2000b. No Estado de Minas Gerais, o ciclo amplia-se a partir de 1998 (ver Fernandes e Franco, 2001). Sobre outras experiências com ciclos no Estado de São Paulo, ver Alavarse, 2002; Guilherme, 2002; Quagliato, 2003; Bertagna, 2003. Vale lembrar que existem outras experiências de ciclos espalhadas pelo país (por exemplo, na Prefeitura Municipal de Porto Alegre), mas estamos tomando essas duas por serem representativas de duas estratégias muito difundidas.

traz uma nova organização baseada em três ciclos: 1º Ciclo (infância) compreendendo alunos de 6 a 9 anos de idade; 2º Ciclo (pré-adolescência) compreendendo alunos de 9 a 12 anos de idade; 3º Ciclo (adolescência) compreendendo alunos de 12 a 14 anos de idade. (...) O ciclo incorpora a concepção de formação global do sujeito partindo do pressuposto da diversidade e dos ritmos diferenciados no processo educativo. À escola caberia o papel de criar espaços de experiências variadas, de dar oportunidades para a construção da autonomia e da produção de conhecimentos sobre a realidade (Dalben, 2000, p. 21).

Mais claramente podemos dizer que: *O ciclo, para a Escola Plural, é um tempo contínuo que se identifica com o tempo de formação do próprio desenvolvimento humano: infância, puberdade e adolescência* (Dalben, 2000, p. 92).[6]

Na versão da Prefeitura Municipal de Belo Horizonte, o ciclo dá como parâmetro para o professor os seguintes elementos, que deverão informar sua prática pedagógica: as fases do desenvolvimento humano do aluno, suas características pessoais e as vivências socioculturais. Ao

---

[6]No Estado de São Paulo, essa continuidade não existe, até mesmo do ponto de vista da estrutura, pois as escolas foram separadas fisicamente: escolas que atendem de 1ª a 4ª séries não atendem de 5ª a 8ª séries.

assumir esses parâmetros, a estrutura da escola é repensada com maior profundidade do que na progressão continuada: seja pela proximidade da organização dos ciclos com o desenvolvimento da criança, seja pelo impacto no currículo e nas atividades escolares causado pelo privilégio concedido às características pessoais dos estudantes e suas vivências socioculturais.

Um enfoque semelhante também pode ser encontrado na rede de ensino da Secretaria Municipal de Educação de Porto Alegre, como aponta Krug: *Os ciclos de formação constituem uma nova concepção de escola para o ensino fundamental, na medida em que encara a aprendizagem como um direito da cidadania, propõe o agrupamento dos estudantes onde as crianças e adolescentes são reunidos pelas suas fases de formação: infância (6 a 8 anos); pré-adolescência (9 a 11 anos) e adolescência (12 a 14 anos). As professoras e professores formam coletivos por ciclo, sendo que a responsabilidade pela aprendizagem no ciclo é sempre compartilhada por um grupo de docentes e não mais por professores ou professoras individualmente* (2001, p. 17).

No âmbito de nossa discussão, isso é suficiente para demarcar um ponto de partida para a descrição da lógica que o ciclo traz para a escola, lógica esta marcada pelo rompimento da seriação e pela adoção de um novo articulador para os tempos e espaços da escola, baseado no desenvolvimento da criança e em suas vivências. Note-se, entretanto, que há uma lógica já posta pela escola (que analisamos nos capítulos anteriores) e à qual a lógica dos ciclos deverá contrapor-se. Lembremos ainda que a lógica da seriação não deriva da vontade dos agentes educacionais presentes na escola, mas é constituída a partir de um determinado tipo de organização sociopolítica que historicamente construiu a "forma escola" com uma função social excludente e de dominação. Os ciclos[7] desejam contrariar essa lógica. Aí reside parte de sua dificuldade: há um preço a ser pago por se contrariar lógicas instituídas.

Essa concepção de ciclo é plenamente aceitável, em especial por sua organização em torno das fases de desenvolvimento da criança. Mas, embora não rejeitemos tal concepção, gostaríamos de expandi-la, adicionando um outro modo de conceber a dinâmica da formação do aluno e que contrarie tanto a lógica da exclusão como da submissão. Nessa tarefa, estaremos nos baseando em

---

[7]Não estamos falando da progressão continuada.

Moisey Mikhaylovich Pistrak, pedagogo russo do começo do século passado que sistematizou a nova escola russa, criada sob o impacto das transformações sociais da Revolução Russa de 1918.[8]

Os esforços de redefinição da escola russa passaram por algumas temáticas de extrema importância, entre as quais destacamos as seguintes:

a. Formação na atualidade

Deve-se entender por formar na atualidade *tudo aquilo que na vida da sociedade do nosso tempo tem requisitos para crescer e desenvolver-se* e que em nosso caso tem a ver com as grandes contradições da própria sociedade capitalista. O capitalismo é uma formação social em decadência. A formação do aluno, portanto, deve prepará-lo para entender seu tempo e engajá-lo na resolução dessas contradições, de forma que sua superação signifique um avanço para as classes menos privilegiadas e um acúmulo gradual e permanente de forças para a superação da própria sociedade capitalista. A contradição básica a ser superada é a que faz dos homens os próprios exploradores dos homens.

[8]Pistrak é contemporâneo de Vigotski, Makarenko e Krupskaya.

Portanto, os ciclos devem planejar suas vivências sociais com forte vínculo com a realidade social — com forte ligação com esta atualidade — e não apenas como vivências associadas aos interesses de uma certa faixa de desenvolvimento da criança. Sobre essa questão, diz Pistrak: *Não vemos nenhuma razão pela qual a escola deva aceitar o psiquismo da criança e seus interesses atuais, que são produto das mais variadas influências do meio e da vida — influências sem nenhuma organização e freqüentemente contraditórias umas com as outras — como os dados dos quais ela deva partir e neles basear seu trabalho, e não tentar, por si, tomar em suas mãos, se possível a maioria destas influências, organizá-las numa determinada direção e fundamentar seu trabalho com a criança já em base ao que a escola dominou e domina. Nós, evidentemente, ficamos com a segunda* (1924, p. 13).

Essa afirmação é importante para contrapormo-nos ao "escolanovismo" latente em nossa formação pedagógica ocidental. Há o lado psicológico do desenvolvimento, mas há também o lado social da formação: *Seria engraçado negar, é claro, que nas diferentes idades a criança reage de formas diferentes aos fenômenos externos, compreende diferentemente. Evidentemente, cada idade tem suas peculiaridades, devemos levá-las em conta, e muito seriamente, na escola. Mas da incontestabilidade destas características gerais da criança à predefinição dos interesses da criança pela sua idade, há uma grande distância. Essas características gerais do cérebro da criança são apenas a forma na qual fundem-se os interesses da criança, preenchida pela vida externa, pela vida do ambiente social da criança, a forma na qual entra um conteúdo determinado. Este conteúdo, em nenhum grau, depende de características fisiológicas do cérebro em desenvolvimento; ele, por inteiro, é o reflexo de fenômenos externos da vida* (ibidem, p. 13).

A compreensão da escola nesta atualidade contraditória em que a criança vive contribuirá para compreender, igualmente, os limites da proposta de ciclos numa sociedade como a que vivemos. Não se trata, aqui, de "criticizar" conteúdos escolares — trata-se de vivenciar concretamente a vida social, de analisar os limites dessa vida social com vistas à sua superação. Tal superação não se limita a uma crítica difusa, mas a uma clara intenção de superar a contradição básica: homens não devem explorar outros homens — não é ético!

b. Auto-organização do estudante

A negação da exploração do homem pelo homem deve ser conseqüente, em termos pedagógicos. Isso significa que a relação pedagógica não pode ser baseada na exploração nem preparar para a aceitação da exploração.

Nesse sentido, estudantes não "exploram" o professor, professor não "explora" o estudante e estudante não pode "explorar" estudante. As relações devem ser horizontalizadas, e não baseadas na aprendizagem da subordinação. Isso só pode ser conseguido em um ambiente onde o trabalho coletivo e a solidariedade sejam valorizados e colocados como ancoragem da aprendizagem.

O trabalho pedagógico em nossa escola convencional, entretanto, aponta em outra direção. Há uma diferença que não deveria ser "essencial" entre professor e estudante — a diferença do domínio do conhecimento e que é elevada à categoria de contradição indevidamente, modulada pelas necessidades do sistema social em fazer da escola o local onde predominantemente se aprende a subordinação. Por esse viés, o professor se converte em um poder dominador. Como contraponto, o estudante reivindica seu espaço. O conflito está posto. Mas nenhum dos atores é responsável por tal conflito, já que tudo que os separa é o fato de o professor ser mais experiente do que o estudante. Devolver essa relação à sua naturalidade é algo fundamental como princípio educativo. Isso não significa que o professor não deva ter autoridade pedagógica, baseada em sua experiência e em seu conhecimento — isso o estudante compreende e deseja. Ocorre que ambos têm de unir-se para impedir que essa diferença natural seja elevada a um nível de contradição, pelo desejo das relações sociais em ensinar a subordinação dos estudantes aos professores. Na raiz desse antagonismo, está a artificialização dos processos de ensino como forma de subordinação e domesticação do estudante e controle do professor pelo Estado.

Nesse sentido, não basta que os ciclos se contraponham à seriação, alterando tempos e espaços. É fundamental alterar também o poder inserido nesses tempos e espaços, formando para a autonomia, favorecendo a auto-organização dos estudantes. Isso significa criar coletivos escolares nos quais os estudantes tenham identidade, voz e voto. Significa fazer da escola um tempo de vida, e não de preparação para a vida. Significa permitir que os estudantes construam a vida escolar.

Pensando sobre as responsabilidades da nova escola russa, Pistrak escrevia: *Que pessoa exige-se de nós nos nossos dias e, provavelmente, no longo período revolucionário? A essa questão pode-se responder assim: nossa época é época de luta e construção, sendo construção que parte da base, construção apenas possível e bem-sucedida nas condições em que cada membro da sociedade compreenda, claramente, o que precisa construir (isso se dá com a formação na atualidade) e por quais caminhos realizar essa construção. O último exige o de-*

senvolvimento de três coisas básicas: 1) habilidade de trabalhar coletivamente, habilidade de encontrar seu lugar no trabalho coletivo; 2) habilidade de abraçar organizadamente cada tarefa; 3) capacidade para a criatividade organizativa. A habilidade de trabalhar coletivamente cria-se apenas no processo de trabalho coletivo. (...) Mas a habilidade de trabalhar coletivamente significa também a habilidade de, quando necessário, dirigir e, quando necessário, subordinar-se. A realização desse objetivo deve refletir-se nas formas de autodireção, de maneira que, se possível, toda criança deve passar através da direção e da subordinação nos órgãos de autodireção, os quais não devem manter prazos de mandatos muito longos (ibidem, p. 15).

Tais mandatos longos referem-se à direção das várias comissões de trabalho e liderança dos vários coletivos criados no interior da escola para administrá-la e exercitar concretamente novas relações de poder[9].

Em resumo, esses dois princípios são fundamentais de serem incorporados na noção de ciclos. Não basta eliminar a seriação e rever metodologicamente a estru-

[9]Pode-se aprofundar essa temática consultando-se, em português, Pistrak, *Fundamentos da Escola do Trabalho*, 2002.

turação dos tempos e espaços da escola, se o modelo que emergir daí continuar separado da vida, formando fora da atualidade, e continuar a reproduzir as relações de poder vigentes no modelo seriado. Os ciclos necessariamente devem abrir-se para a vida real, e não apenas para vivências que sejam uma imitação do real — ou até mesmo uma brincadeira sobre o real. Sendo assim, devem abrir-se criticamente para todas as dimensões possíveis do trabalho, dentro e fora da escola, e ser um estruturador, em função dessa crítica, de outras relações de poder entre as pessoas e entre as pessoas e as coisas (Shulgin, 1924).

A análise crítica da atualidade se dá em estreita ligação com a auto-organização dos estudantes. A inclusão dessa dimensão rompe com a forma de organização do trabalho da escola contemporânea e abre outras perspectivas para a relação entre professores, estudantes, especialistas, pais etc. Isso é fundamental para o próprio conceito de gestão da escola. Ao "re-situarmos" a posição do aluno, seremos levados a discutir a posição de todos os atores no processo educativo. A conclusão é que se queremos estudantes construtores de um novo mundo, de novas relações — como diz Shulgin —, a escola deve ser o palco dessa aprendizagem e ter um projeto político-pedagógico que aponte para tal direção (Freitas, 2001).

A questão da avaliação (e da reprovação) tem de ser colocada no contexto das "relações" que ocorrem no interior da sala de aula, da escola e da sociedade. A escola não é uma coisa, é uma relação (Shulgin, 1924; Pistrak, 1924). Não é apenas um local, mas um local em que se estabelecem relações entre estudantes, professores, diretores, especialistas, pais etc. Essas relações é que devem ser nosso foco, e não apenas as conseqüências delas (a reprovação etc.).

Somente depois de observados esses dois princípios básicos anteriormente discutidos é que podemos entrar na questão do currículo e dos métodos de ensino. Nossa tradição é muito perversa nesse sentido. Costumamos tomar os métodos de ensino e jogar fora sua fundamentação. É assim que se processa a "adaptação" de Freinet e de Vigotski, por exemplo, aos interesses da escola capitalista. Portanto, ao entrarmos nesse terreno, é preciso advertir que não se pode tomar a proposta metodológica de Pistrak sem os princípios anteriormente discutidos.

Do ponto de vista curricular, sistematizou-se uma idéia muito forte na pedagogia soviética: a idéia dos "complexos". O que era o complexo? *Complexo significa composto. Por complexo deve-se entender a complexidade concreta dos fenômenos, tomados da realidade e reunidos ao redor de temas ou idéias centrais determinadas.*

(...) A ligação, a reunião constitui-se de fato na marca essencial do sistema por complexo, mas o essencial não está na ligação das disciplinas, mas na ligação dos fenômenos, nas suas complexidades, nas interações, nos estudos correlacionais entre os fenômenos. (...) O trabalho é o fundamento da vida das pessoas. Daí a realidade do trabalho colocar-se como o centro do ensino. A realidade do trabalho das pessoas é o pivô central, ao redor do qual concentra-se todo o restante (Comissão Nacional de Instrução, 1924).

Note-se que o complexo é uma concepção curricular, e não um método de ensino. Não se pode cometer o equívoco de tentar converter o complexo em um método de ensino.

Na formulação original, o currículo escolar está baseado em complexos temáticos dinamicamente construídos pelos professores, tendo como método dominante um intenso intercâmbio com a vida ao redor da escola, na dependência da idade e dos interesses dos estudantes (Freitas, 1998). O trabalho é o foco articulador das relações das crianças, tanto com a vida social quanto com a natureza. As decisões da vida escolar estão carregadas da participação e do envolvimento dos estudantes, mas sob o olhar atento dos professores, sempre dispostos a apoiá-los com sua maior experiência e conhecimento. Coletivos de estudantes e coletivos pedagógicos envolvendo professores e estudantes em vários níveis conduzem a vida escolar.

As crianças são divididas em grupos (mais novos ou mais velhos) para dar conta do estudo e do trabalho. Como relata Pistrak, o espaço da escola é profundamente afetado: *Chamamos a atenção ainda para uma particularidade da escola, estabelecida por nós desde o primeiro ano. Na comuna escolar não existem "classes" na compreensão antiga desta palavra. O ensino acontece nos gabinetes ou laboratórios. Tais gabinetes são sete: física, química, matemática, ciências naturais, arte, ciências sociais e música–literatura; há um clube junto com a biblioteca e sala para educação física. Cada gabinete serve para a condução apenas de um determinado trabalho (...) Os gabinetes estão disponíveis para trabalho autônomo dos estudantes quando estão livres* (Pistrak, 1924, p. 54).

Além dos grupos mais sistemáticos de estudo, existiam os círculos: *Nossos círculos, pelas suas tarefas, não tinham como objetivo ampliar e aprofundar diretamente o trabalho de classe. Nós pensamos que tal caráter se dado aos círculos abafaria um pouco a iniciativa das crianças e os círculos facilmente transformar-se-iam em reservatório alternativo para o que não foi dado (...) Os objetivos dos círculos eram: 1) reunir livremente as crianças em base aos seus interesses científicos e práticos, em sua maior parte independentemente do grupo de ensino e da idade; 2) dar plena liberdade para a satisfação imediata dos interesses aparecidos nas crianças; 3) dar às crianças a possibilidade de por si mesmas conduzir e organizar sua tarefa em relação à satisfação das aspirações aparecidas nelas* (Pistrak, 1924, p. 70).

Os métodos de ensino predominantes, dentro da noção curricular do complexo, são os projetos a cargo de grupos de estudantes e a excursão ou estudo do meio.

Nesse contexto, é interessante notar como a questão da avaliação fica totalmente redefinida, na presença de motivadores naturais de aprendizagem advindos da própria atividade dos grupos de estudantes e dos círculos: *A comuna escolar coloca como uma das suas principais tarefas o controle do trabalho: 1) no sentido do inventário do tempo gasto no trabalho, e 2) controle dos resultados do trabalho real. Desde o primeiro ano de existência do II grau é escolhida entre os estudantes em reunião geral a assim chamada "comissão avaliadora" composta de três ou quatro estudantes, a qual dirige a condução e coleta de dados de controle de tempo gasto no preenchimento do trabalho, tanto de caráter físico como intelectual. O tratamento dos materiais foi conduzido sob direção da professora de matemática* (Pistrak, 1924, p. 63).

Note-se que a questão da avaliação é remetida ao "trabalho real" dos estudantes. São as relações naturais com as coisas e com as pessoas, no dizer de Shulgin, que conduzem o processo. Há a construção coletiva de mecanismos de avaliação com legitimidade política no grupo.

Não é possível descrevermos aqui toda a riqueza do trabalho organizado por Pistrak. Os fragmentos citados são apenas parcialmente reveladores da concepção de educação perseguida por ele, mas nos limites desta obra servem para que possamos pensar em formas mais ousadas para redefinir os tempos e espaços da escola, guiados pelos princípios anteriormente discutidos.

Essa concepção de ciclos vai além da noção de ciclo de formação tal como tem sido aplicada em vários estados e municípios brasileiros. Sua principal diferença é que os tempos e espaços da escola são colocados a serviço de novas relações de poder entre o estudante e o professor, com a tarefa de formar para a vida, na atualidade, propiciando o desenvolvimento de novas relações entre as pessoas e entre as pessoas e as coisas.

Em suma, os ciclos não podem constituir-se em uma mera "solução pedagógica" visando superar a seriação — são instrumentos de desenvolvimento de novas relações sociais em antagonismo com as relações sociais vigentes. Portanto, devem ser vistos como instrumentos de resistência. Sendo instrumentos de resistência, não se deve esperar que funcionem plenamente. Estão num jogo contraditório entre a lógica da escola/avaliação e uma nova lógica em desenvolvimento. Professores, pais e estudantes devem compreender adequadamente a função dos ciclos e deixar de vê-los de um ângulo exclusivamente metodológico–pedagógico. Devem vê-los como instância política de resistência à escola convencional e que junto aos movimentos sociais avançados irá ajudar a conformar uma nova sociedade, na qual homens não sejam exploradores de homens. Essa tarefa tem de ser acelerada, porque, como diz um pensador cubano, a questão hoje não é saber se seremos ou não socialistas, a questão é saber por quanto tempo agüentaremos o capitalismo e conseguiremos suportar suas mazelas.

Posicionamo-nos, portanto, favoravelmente aos ciclos[10], na forma aqui descrita. Em vez de querermos voltar à seriação, devemos lutar pelo aprofundamento da noção de ciclos e exigir condições adequadas para sua instalação e seu funcionamento. Sobre isso voltaremos a escrever no próximo capítulo.

[10]Não estamos falando da progressão continuada.

4 . A LÓGICA DAS POLÍTICAS PÚBLICAS

Um aspecto que precisa ser considerado no desenvolvimento dos ciclos é o envolvimento daqueles que conduzem o dia-a-dia da escola e, em especial, de dois atores importantes: os professores e os pais. Se perdermos os professores, isso afeta diretamente o processo de ensino–aprendizagem e, como vimos, a reprovação está mais ligada à avaliação informal, e menos à formal, cujo papel é mais de refletir o que ocorreu no interior do processo, informalmente. Se perdermos os pais, estes são vitais para a aceitação dos ciclos, pois eles reagem com as expectativas que têm, com sua consciência ingênua em relação ao papel da escola como fator de ascensão social. É preciso então envolver os pais no processo de implantação dos ciclos, para que possam apreciar adequadamente o lado formativo da educação nos ciclos e deixar de ver a escola como local em que se deva aprender apenas Português e Matemática. Os pais estão sempre prontos para um diálogo sobre o futuro dos filhos, sobre a importância de uma formação sólida num mundo violento, cheio de riscos. Mas o envolvimento desses atores tem de ocorrer no próprio momento de adoção do ciclo na escola, e não como um jogo de *marketing* montado para convencer professores e pais a aceitarem *a posteriori* os ciclos.

No entanto, professores e pais são atores preteridos nas políticas públicas, em especial pelos neoliberais apressados. Sem esses atores, os ciclos correm o risco de ser considerados uma experiência fracassada. (Não nos esqueçamos de que pais e professores são eleitores e podem influenciar a agenda dos políticos, fazendo com que a idéia de ciclo seja retirada de seu horizonte de preocupações.)

Em nossa opinião, os ciclos não devem ser implantados como política pública que determine em massa sua adoção. O caminho mais frutífero será o do convencimento por indução, a partir de experiências bem-sucedidas apoiadas pelos governos, envolvendo pais e professores no processo. Não se deve fazer experimentos com redes inteiras. As escolas devem ter autonomia para optar pela introdução da organização ciclada em seu interior e serem apoiadas nessa decisão. O caso do Estado de São Paulo é o mais grave, já que não só se determinou a implantação da progressão continuada com risco de comprometer a idéia de ciclo (houve perda de professores e pais de estudantes), mas, além disso, a divisão física das escolas de 1ª a 4ª séries em um equipamento escolar e de 5ª a 8ª séries em outro impede doravante que os tempos de formação sejam redefinidos — restando a opção por dividir estes dois conjuntos de tempo (1ª a 4ª e 5ª a 8ª) em subetapas internas de dois anos cada. Entretanto, isso não respeita as fases de desenvolvimento da criança como ocorre nas propostas de ciclos. Contudo, essa seria uma medida mais adequada para se voltar a ter controle sobre a implantação da progressão continuada e poder transformá-la com o tempo, de alguma forma, em uma versão mais próxima dos ciclos.

A questão que continua em pauta, mesmo com a adesão desses atores, é: como contrariar a lógica da escola e a lógica da avaliação (informal), se as instituições, e a própria forma da escola, são herdeiras de funções sociais excludentes atribuídas a elas pela organização social na qual estão inseridas? Os ciclos são um primeiro passo nessa direção e, pelo grau de conflito gerado com sua introdução, mostram que estão "tocando" em contradições importantes. Entretanto, as políticas públicas que encampam os ciclos ou a progressão continuada são um pano de fundo que não podemos deixar de levar em conta nesse processo. Há políticas que atuam mais verticalmente e há as que preferem o envolvimento dos atores no processo.

Mais do que classificar as diferentes compreensões e possibilidades de implementar os ciclos, é importante caracterizar as concepções de educação e as políticas públicas que orientam as escolhas. A concepção de ciclos acaba sendo depositária dessas políticas e seu sucesso dependerá de tais concepções.

Esclarecer o conceito de ciclos e suas relações com as políticas públicas é importante para evitar que, dogmaticamente, chegue-se à conclusão de que os mesmos que criticam a progressão continuada em São Paulo aceitam o ciclo em Belo Horizonte, por exemplo. Tal conclusão baseia-se apenas na aparência dos fatos, como procuramos esclarecer anteriormente: nem o conceito é o mesmo nem as concepções de educação e de políticas públicas são iguais nesses dois casos.

A progressão continuada é herdeira da concepção conservadora-liberal, e os ciclos de formação estão mais ligados às propostas transformadoras e progressistas. No primeiro caso, a avaliação assume papel de controle e atua para implementar verticalmente uma política pública. No segundo, a avaliação assume papel de crescimento e melhoria da escola a partir de dentro — ainda que sob estímulo da política pública.

O quadro que segue destaca um conjunto de dimensões que orienta nossa compreensão sobre as condições políticas em que a noção de ciclos e a de progressão continuada estão inseridas.

DIMENSÕES CONTRADITÓRIAS DE CONCEPÇÕES DE EDUCAÇÃO, CICLOS E AVALIAÇÃO[11]	
Progressão Continuada	**Ciclos**
Projeto histórico conservador de otimização da escola atual, imediatista e que visa ao alinhamento da escola às necessidades da reestruturação produtiva.	Projeto histórico transformador das bases de organização da escola e da sociedade, de médio e longo prazo, que atua como resistência e fator de conscientização, articulado aos movimentos sociais.
Fragmentação curricular e metodológica que no máximo prevê a articulação artificial de disciplinas e séries (temas transversais, por exemplo).	Unidade curricular e metodológica de estudos em torno de aspectos da vida, respeitando as experiências significativas para a idade (ensino por complexos, por exemplo).

[11]Uma versão preliminar desse quadro foi publicada em FREITAS, 2002.

Progressão Continuada	**Ciclos**
Conteúdo preferencialmente cognitivo-verbal.	Desenvolvimento multilateral, baseado nas experiências de vida e na prática social.
Aponta para a alienação, para o individualismo do aluno e a subordinação do professor e do aluno, aprofundando relações de poder verticalizadas na escola (incluindo a ênfase no papel do diretor e no do especialista).	Favorece a auto-organização do aluno, o trabalho coletivo e a cooperação no processo, criando mecanismos de horizontalização do poder na escola.
Treinamento do professor; preparação do pedagogo como especialista distinto do professor (e vice-versa), com o fortalecimento da separação entre o pensar e o fazer no processo educativo.	Formação do professor em educador.

Progressão Continuada	Ciclos
Uso de tecnologias para substituir o professor e/ou acelerar os tempos de estudo.	Subordinação das tecnologias ao professor, com a finalidade de aumentar o tempo destinado pela escola à formação crítica do aluno.
Sistema excludente e/ou hierarquizador (auto-exclusão pela inclusão física na escola).	Educação como direito de todos e obrigação do Estado.
Desresponsabilização da escola pelo ensino. Terceirização/privatização.	Educação de tempo integral.
Retirada da aprovação do âmbito profissional do professor, mantendo inalterada a avaliação informal com característica classificatória.	Ênfase na avaliação informal com finalidade formativa e ênfase no coletivo como condutor do processo educativo.

Progressão Continuada	Ciclos
"Avaliação" formal externa do aluno e do professor (de difícil utilização local) como controle.	Avaliação compreensiva, coletiva e com utilização local.
Avaliação referenciada em conteúdos instrutivos de disciplinas, padronizados em habilidades e competências.	Avaliação referenciada na formação e no próprio aluno, ante os objetivos da educação e a vida (formação + instrução).

A avaliação, nas políticas públicas que usam os ciclos, não é feita para que se chegue a colocar uma cor que caracterize publicamente o desempenho da escola, preparando-a para um quase-mercado, como ocorreu no Estado de São Paulo. Da mesma forma que não se quer classificar alunos, também não se quer classificar escolas[12]. Nega-se a avaliação como forma classificató-

[12]Para uma análise técnica que questiona a possibilidade de classificar escolas, ver FERRÃO, 2003.

ria, tanto em relação ao aluno quanto em relação à escola como um todo. Entende-se que cada instituição, ao receber ou organizar um conjunto de condições disponíveis, pode obter um determinado conjunto de resultados mais ou menos como projeção de seu conjunto de condições. Isso significa que uma escola classificada — em função de uma medida padrão — como de baixa qualidade (ou de cor vermelha) pode, em face da relação condições–resultados, estar no limite de sua qualidade e, portanto, ser considerada uma escola que "não tem folga" para aumentar sua qualidade com as condições de que dispõe. Pode ser que outra, considerada de maior qualidade, tenha "folga de qualidade" e possa ser cobrada por utilizar melhor suas condições e produzir mais resultados ainda (Belloni & Belloni *in* Freitas, 2003b).

A punição a uma escola tida como vermelha pode, de fato, torná-la ainda pior se ela já estiver no limite de suas possibilidades, pois seus atores têm a percepção de que estão fazendo o que podem e, por não serem reconhecidos, desestimulam-se. Não há crescimento, portanto.

Uma vez constatado o limite dos resultados em função de suas condições ou vice-versa, seguem-se estudos qualitativos com a finalidade de encontrar quais fatores locais são responsáveis por esses desequilíbrios. Em todo o processo, a auto-avaliação institucional, feita a partir dos atores, é sempre ponto de partida e um processo de motivação permanente, e não de punição e controle.

Com o passar do tempo, uma instituição constrói uma história de avaliação e auto-avaliação e, com isso, uma sólida base de "comparação consigo mesma". A produção e o uso da avaliação são feitos na própria escola e seus resultados, agora mais seguros, podem alimentar as políticas públicas.

Políticas públicas verticalizadas geram informação de difícil uso local, pois assumem padrões genéricos de qualidade a serem medidos com instrumentos centrais classificatórios, sem levar em conta, por métodos apropriados, a relação entre as condições oferecidas e os resultados atingidos. Um caminho mais seguro é diagnosticar a real posição de uma escola, mobilizando-a internamente para atingir um patamar superior, a partir da análise local das condições oferecidas e dos resultados obtidos. É mais demorado, porém consistente.

A questão das possibilidades de desenvolvimento dos ciclos, na acepção que defendemos, passa por outros aspectos de dificuldades maiores ainda se considerarmos as objeções que têm sido feitas a eles. Improvisados ou sem suporte de políticas públicas adequadas, correm o risco de ser considerados inadequados como forma de organização escolar.

O principal argumento contra os ciclos tem sido sua incapacidade de ensinar as disciplinas escolares tradicionais. Formuladores de políticas, pais, professores e estudantes têm apresentado os ciclos (e a progressão continuada) como responsável pela existência de crianças analfabetas na escola em séries mais altas (4ª série do primeiro grau, por exemplo). Contudo, os estudos divulgados pelo Sistema de Avaliação do Ensino Básico do MEC dão conta de que 51% dos estudantes matriculados nas séries iniciais não sabem ler adequadamente na 4ª série. Não se pode concluir que essa porcentagem de estudantes com dificuldades se deva exclusivamente aos ciclos.

De fato, o que o ciclo (e a progressão continuada) faz é manter o aluno que não sabe ler na escola, enquanto no regime seriado ele é "expulso". Dessa forma, na escola seriada ele não era detectado nas séries mais avançadas. Entretanto, agora, permanecendo na escola, esse aluno fica dentro do sistema denunciando a qualidade do mesmo.

Não somos ingênuos a ponto de pensar que isso ocorra para denunciar, de fato, o próprio sistema ou ocorra de forma acidental. Isso só corresponde à nossa visão. Para as políticas públicas neoliberais, os ciclos e a progressão continuada têm, na verdade, outra finalidade. Para elas, a repetência e a evasão geram custos que oneram o Estado indevidamente — não são apenas uma questão de qualidade da escola. Trata-se de fluxo e de custo do fluxo. A questão da qualidade entra como geradora de menores gastos, menores custos — coerente, portanto, com a teoria do Estado mínimo que terceiriza os serviços públicos e corta direitos sociais. Para os neoliberais, "custos desnecessários" acarretam pressões por mais investimentos. O que está em jogo, portanto, não é apenas o lado humano e formativo da eliminação da reprovação ou da evasão, mas seu lado econômico, sistêmico — ou, como se costuma dizer, o custo–benefício. A atenção está voltada para o ensino de disciplinas (em especial Português e Matemática), e não para a formação. Essa é a visão de qualidade que informa as políticas públicas neoliberais que se valem de sistemas nacionais de "avaliação"[13] (ENC–Provão, SARESP etc.), para monitorar os resultados das escolas de forma quantitativa e genérica (com-

[13]Tais sistemas são de fato levantamentos de informação e verificação de rendimento, não podendo ser considerados sistemas de avaliação, já que não possuem formas de retorno adequadas aos avaliados que permitam encaminhar a superação da situação avaliada. Sobre essa questão, ver FREITAS (org.), *Avaliação: Construindo o Campo e a Crítica*, 2002b.

parativa), criar competição (segundo elas, a mola-mestra da qualidade) e reduzir gastos — o modelo é amplamente conhecido e aplicado no campo empresarial. Não é que esteja errada a preocupação com os gastos, é que em educação tal visão não é suficiente, não pode ser ponto de chegada. Essa visão economicista da qualidade faz com que jamais seja colocada para as políticas públicas neoliberais a questão da "escola de tempo integral": prefere-se criar penduricalhos ao redor da sala de aula (programas remediadores e compensatórios), que são de menor custo. Impede ainda que seja colocada a questão das finalidades formativas da educação.

É possível que a ênfase no ajuste do fluxo (Programas de Correção de Fluxo, Ciclos de Progressão Continuada, Recuperação de Ciclos, entre outras medidas em voga) vise fazer uma ampla "faxina" no sistema de ensino, de forma a corrigir seus custos econômicos e a preparar processos de privatização por meio de terceirização, permitindo, por um lado, a internalização da exclusão de forma mais dissimulada quanto aos custos políticos e sociais e, por outro, a externalização dos custos econômicos, com aumento do controle sobre o processo educativo. A versão mais próxima disso é a transferência da operação de sistemas de ensino para empresas de educação terceirizadas, em que as contratantes ficam responsáveis pelos índices de aprovação e, conseqüentemente, "internalizam para si os custos de reprovação e evasão". Os custos são, portanto, transferidos para as terceirizadas — não antes de torná-los suportáveis a partir de uma ampla intervenção na forma de funcionamento da escola, de maneira a ajustá-lo previamente.

Essa forma de operar faz com que a exclusão se faça, de fato, segundo a bagagem cultural do aluno, permitindo que ela ocorra no próprio interior da escola e de forma mais sutil, ou seja, "internalizada" (inclusive com menores custos políticos, sociais e com eventual externalização dos custos econômicos), além de dissimular a exclusão social já "construída fora da escola" e que agora é legitimada a partir da ideologia do esforço pessoal no interior da escola, responsabilizando o aluno por seus próprios fracassos. Dessa forma, são criadas "trilhas de progressão continuada diferenciadas" na dependência do capital cultural de cada um e dos horizontes que estas criam para os próprios estudantes, num processo de exclusão subjetiva, a partir dos horizontes de classe (Bourdieu e Passeron, 1975) ou das condições objetivas fornecidas nas próprias trilhas, ou tipos de escolas, e que são dissimuladas na forma de falta de aproveitamento pelo aluno das oportunidades concedidas.

Em resumo, os atos de exclusão do sistema têm custos (permanência por mais tempo no sistema, defasagem idade/série, evasão, repetência etc.) e estes são de várias ordens, todas interligadas entre si: sociais (dificuldades para consumir por falta de "cultura" mínima; aumento da disponibilidade, ao ficar fora da escola, para a violência, o tráfico de droga, a desnutrição; desordens sociais que perturbam o processo de acumulação e que impedem a "higienização" da força de trabalho[14]), políticos (não incorporação de hábitos e práticas esperadas pelo sistema do ponto de vista ideológico, de aceitação de padrões de vida, de submissão etc.) e econômicos (custo do sistema e pressão sobre os investimentos em educação, tor-

[14]No *site* da Secretaria de Educação do Estado do Paraná, pode-se tomar ciência de um projeto com esse objetivo: "As precárias condições de vida familiar fazem com que as crianças e adolescentes procurem formas alternativas de sobrevivência, comprometendo sua integridade e desenvolvimento físico, intelectual, social e emocional, ficando excluídos do convívio familiar, do acesso à escola e, conseqüentemente, de exercer sua efetiva cidadania. O Governo do Estado, preocupado com esta realidade social, está implantando em todo o Paraná o **Projeto Da Rua Para a Escola**, que é uma ação articulada entre a Secretaria de Estado da Criança e Assuntos da Família e a Secretaria de Estado da Educação". E ainda: "Trata-se de repasse mensal de uma cesta básica de alimentos às famílias integradas ao projeto, que têm, como compromisso, assegurar às suas crianças e adolescentes o ingresso, o regresso e a permanência na escola e no convívio familiar".

nando o Estado mais caro e, portanto, mais voraz em relação à arrecadação de tributos que competem com a apuração dos lucros das corporações, sem falar da pressão dos problemas sociais sobre os investimentos para conter a violência, as epidemias etc.).

As políticas públicas criam um processo de dissimulação destes atos de exclusão do sistema (repetência, evasão), os quais, dos pontos de vista político e social, são convertidos em atos do próprio sujeito (aluno), em um processo de auto-exclusão a partir das opções que faz, do capital cultural anteriormente reunido em sua convivência na classe social respectiva e das expectativas de classe e de seu esforço pessoal dentro do sistema escolar. Do ponto de vista econômico, tais políticas criam um movimento duplo de internalização/externalização, em que no mínimo ganham melhor controle sobre os custos e, no máximo, terceirizam-nos (Freitas, 2002).

O próprio sistema capitalista prevê que, ao precarizar cada vez mais as condições de trabalho e ao intensificar o processo de exploração (relativa e absoluta), ele vai gerar tensões sociais que precisam ser monitoradas e amenizadas, para não comprometer o próprio processo de acumulação de capital. A educação tem um lugar entre as condições facilitadoras da reprodução do capital e um papel a cumprir.

O que queremos com essa explicação é mostrar que o processo de exclusão e submissão apenas mudou sua forma de operar, a partir de sua internalização, motivada pela inclusão formal de 95% das crianças na escola. Tal processo de inclusão se dá como resposta às próprias lutas das classes populares, que exigem mais escolarização, e por necessidades intrínsecas ao próprio processo de reestruturação produtiva, que visa estabelecer um novo padrão de exploração para a classe trabalhadora, incluída aí a necessidade de submeter um contingente cada vez maior de jovens às regras dominantes em uma escola cada vez mais controlada em seu conteúdo e método. O Estado procura atuar criando políticas públicas que viabilizem essas pressões.

Para nós, entretanto, a proposta dos ciclos tem outros objetivos, como já procuramos demonstrar. Daí a necessidade de uma cuidadosa definição de ciclos. Porém, uma das grandes contradições que está posta com a utilização dos ciclos como forma de organizar a escola é aquela entre "formar e instruir" — contradição esta posta pela sociedade capitalista, já que não deveria haver tal oposição.

A educação oficial prega a formação integral da personalidade da criança, mas, na prática, contenta-se em montar um sistema educacional indigente e que permite, quando muito, a aprendizagem de algumas disciplinas, como Português e Matemática. De fato, o ensino dessas disciplinas passa a ser o objetivo central da escola, e não a formação integral do indivíduo em sociedade.[15]

Essa contradição aparece claramente nas atuais implantações de ciclos e de progressão continuada. Os pais e os professores reclamam que o aluno não está aprendendo Português e Matemática e, portanto, não está se preparando para ser bem-sucedido na vida. De olho na aprendizagem das disciplinas, a questão da formação do estudante não é posta como objetivo.

Como aponta Tragtenberg: *Uma escola fundada na memorização do conhecimento, num sistema de exames que mede a eficácia da preparação para o mesmo, nada provando quanto à formação durável do indivíduo, desenvolve uma pedagogia "paranóica", estranha ao concreto, ao seu fim. Quando falha, "interpreta" este evento como responsabilidade exclusiva do educando* (1982, p. 38).

[15]Infelizmente, o atual ministro da Educação, Cristovam Buarque, advoga que o ensino médio deveria ser avaliado ano a ano em sua qualidade para ensinar Português e Matemática. O alinhamento do ensino médio ao ensino superior faz do primeiro um passo propedêutico para o segundo e a formação fica fora do conceito de qualidade.

Entretanto, há uma discussão latente que não é colocada em pauta e que precisa ser aqui incluída no debate. A contradição entre "formar e instruir" aparece como necessidade de um sistema educacional que nega a formação, substituindo-a por instrução nem sempre de qualidade. A maneira como assegura a redução da formação à instrução passa pelo tempo de permanência do aluno na escola. Nossas escolas funcionam em tempo parcial (quatro horas), o que faz com que, na prática, seja obrigada a se contentar com a instrução. Portanto, uma luta fundamental para os educadores, além da implantação dos ciclos, é a aplicação do dispositivo da LDB que prevê que a educação no Brasil será, progressivamente, de tempo integral. Somente com a adoção da escola de tempo integral teremos condições de falar em instrução associada à formação, contribuindo para resolver essa contradição. Em vez de aduzir penduricalhos às quatro horas de escola (recuperação paralela, reforço de janeiro, correção de fluxo etc.) implante-se a escola de tempo integral.

Veja-se como a questão da qualidade de ensino e dos recursos para a educação dependem do conceito de educação que se tenha. Costuma-se argumentar — em especial pelas hoje "viúvas do neoliberalismo" — que a educação tem dinheiro suficiente e tudo que deveríamos fazer é gastar bem. Entretanto, tal análise supõe uma escola de tempo parcial. Se pensarmos em escola de tempo integral, os recursos aplicados em educação hoje ficam rapidamente escassos e insuficientes — teríamos, de imediato, que duplicar o parque de escolas e professores contratados para viabilizar uma escola de tempo integral. Essa é uma luta importante, junto com a defesa dos ciclos.

Essas questões têm de ser, entretanto, colocadas em perspectiva histórica. As contradições hoje existentes devem ser vistas dentro de uma perspectiva de superação, e não de resolução imediata. Vendo-as como processo histórico em desenvolvimento, ficamos em melhor posição para entender tais contradições e evitar cair no desânimo, que nada constrói. Por isso, devemos ver os ciclos e a educação de tempo integral como um ato de resistência que deverá acumular forças para que, em algum momento, possamos fazer nascer uma nova realidade social e educacional.

Contribuirá muito se os ciclos forem vistos por professores, estudantes e pais como um processo aberto à mobilização e tomada de consciência dos reais impedimentos para que os estudantes aprendam — ou seja, impedimentos que são gerados por uma estrutura social injusta e voltada para a hierarquização que viabiliza a exploração do homem pelo homem, e para tal faz da escola um local compromissado com a exclusão e com a submissão. É fundamental que compreendamos qual é de fato o nosso inimigo.

Em tempos de desencanto com a possibilidade de transformação pelas estruturas do Estado — seja na vertente liberal[16], seja na vertente social[17] —, é fundamental preservarmos nossa capacidade de "intervir diretamente" por meio dos movimentos sociais e, associados a estes, abrirmos espaços de resistência e mobilização no interior das instituições. A mensagem, portanto, é positiva e confiante em nossa capacidade de gerar transformações sociais que permitam a criação de uma nova ordem mundial, onde o homem deixe de ser o explorador do próprio homem. A escola, como a instituição educativa possível neste nosso momento histórico, tem um papel a cumprir e nela todos os educadores e educandos. Os ciclos, tal como aqui definimos, e a educação de tempo integral são âncoras importantes nessa luta. São os embriões do novo, dentro do velho sistema educacional. O neoliberalismo e o social-reformismo, bem como suas "teorias" educacionais, passarão, ainda que nos reste muita luta. Quando tal momento chegar, deveremos saber o que colocar no lugar da organização escolar capitalista.

---

[16]Representada pelo governo de Fernando Henrique Cardoso.

[17]Representada pelo governo de Luiz Inácio Lula da Silva.

BIBLIOGRAFIA

ANTUNES, R. *Adeus ao trabalho?* São Paulo, Cortez, 1999.

AFONSO JANELA, A. *Avaliação educacional: regulação e emancipação*. São Paulo, Cortez, 2000.

ALAVARSE, O. M. *Ciclos: a escola em (como) questão*. Dissertação de mestrado. São Paulo, Faculdade de Educação da USP, 2002.

ARROYO, M. G. "Ciclos de desenvolvimento humano e formação de educadores". *Educação e sociedade*, Campinas, nº 68, p. 143-162, 1999.

BELLONI, I. & BELLONI, J. A. "Questões e propostas para uma avaliação instrucional formativa". In: FREITAS, L. C. (org.) e outros. *Avaliação de escolas e universidades*. Campinas, Komedi, 2003b.

BERTAGNA, R. H. *Avaliação da aprendizagem escolar: a visão de alunos de 4ª e 5ª séries do 1º grau*. Dissertação de mestrado. Campinas, Faculdade de Educação da Unicamp, 1997.

______. *Progressão continuada: limites e possibilidades.* Tese de doutorado. Campinas, Faculdade de Educação da Unicamp, 2003.

BLOOM, B. S., HASTINGS, J. T. & MADAUS, G. F. *Handbook on formative and summative evaluation on student learning*. New York, McGraw Hill, 1971.

BOURDIEU, P. *Escritos de educação*. 3. ed. Petrópolis, Vozes, 2001 (Org. de Maria A. Nogueira e Afrânio Catani).

BOURDIEU, P. & CHAMPAGNE, P. "Os excluídos do interior". In: BOURDIEU, P. (Org. de Maria A. Nogueira e Afrânio Catani). *Escritos de educação*. 3. ed. Petrópolis, Vozes, 2001.

BOURDIEU, P. & PASSERON, J. C. *A reprodução*. Rio de Janeiro, Francisco Alves, 1975.

BRASIL. *Lei de Diretrizes de Bases da Educação Nacional* (Lei nº 9.393/96).

CARROLL, J. "A model of school learning". *Teachers College Record*, 64, p. 723-733, 1963.

CASTRO, C. M. C. "A hora da sala de aula". Revista *Veja*, São Paulo, 5 maio 2002.

CHESNAIS, F. *A mundialização do capital*. São Paulo, Xama, 1996.

COLEMAN, J. S. e outros. *Equality of educational opportunity*. Washington DC, US Government Printing Office, 1966.

CONSELHO NACIONAL DE INSTRUÇÃO. *Sobre o ensino por complexos. Cartas metodológicas*. Moscou, Rabotnik Prosveshcheniya, 1924.

DALBEN, A. I. L. F. *Singular ou plural? Eis a escola em questão*. GAME, FAE-U FMG, 2000.

ENGUITA, M. F. *A face oculta da escola*. Porto Alegre, Artes Médicas, 1989.

FERRÃO, M. E. *Introdução à análise de regressão multinível em educação*. Campinas, Komedi, 2003.

FRANCO, C. (org.) *Avaliação, ciclos e promoção na educação*. Porto Alegre, ArtMed, 2001.

FREINET, C. *Para uma escola do povo*. 2. ed. São Paulo, Martins Fontes, 2001.

FREITAS, L. C. "A dialética da eliminação no processo seletivo". *Educação e sociedade*, Campinas, nº 39, p. 265-285, 1991.

______. "A internalização da exclusão". *Educação e sociedade*, Campinas, nº 80, 2002b.

______. "Ciclos de progressão continuada: vermelho para as políticas públicas". Revista *EccoS*, São Paulo, v. 4 (1), jun. 2002.

______. *Crítica da organização do trabalho pedagógico e da didática*. 6. ed. Campinas, Papirus, 1995.

______. "Educação hoje: questões em debate. Que escola desejamos?" *Estudos avançados*, 15 (42), p. 48-53, 2001.

______. "Interações possíveis entre a área de currículo e a didática: o caso da avaliação". *Pro-posições*, v. 9, nº 3 (27), 1998.

FREITAS, L. C. (org.) e outros. *Avaliação: construindo o campo e a crítica*. Florianópolis, Insular, 2002b.

______. *Avaliação de escolas e universidades*. Campinas, Komedi, 2003b.

______. *Questões de avaliação educacional*. Campinas, Komedi, 2003a.

GODOI, E. G. *Avaliação escolar no ciclo básico*. Trabalho de conclusão de curso. Campinas, Faculdade de Educação da Unicamp, 1997.

______. *Educação infantil: avaliação escolar antecipada?* Dissertação de mestrado. Campinas, Faculdade de Educação da Unicamp, 2000.

GUILHERME, C. C. F. *A progressão continuada e a inteligência dos professores*. Tese de doutorado. Araraquara, Unesp, 2002.

KRUG, A. *Ciclos de formação*. Porto Alegre, Mediação, 2001.

LIBÂNEO, J. C. *Didática*. São Paulo, Cortez, 1991.

PERRENOUD, P. "Das diferenças culturais às desigualdades escolares: a avaliação e a norma num ensino diferenciado". In: ALLAL, L., CARDINET, J. & PERRENOUD, P. *Avaliação formativa num ensino diferenciado*. Coimbra, Almedina. 1986.

PINTO, A. L. G. *A avaliação da aprendizagem: o formal e o informal*. Dissertação de mestrado. Campinas, Faculdade de Educação da Unicamp, 1994.

PISTRAK, M. M. *A comuna escolar*. Moscou, Rabotnik Prosveshcheniya, 1924.

______. *Questões essenciais da escola soviética moderna*. 2. ed. Moscou, Rabotnik Prosveshcheniya, 1925. (No Brasil, *Fundamentos da escola do trabalho*. São Paulo, Brasiliense, 1981 (esgotado). Reeditado pela Expressão Popular, 2002.)

QUAGLIATO, M. F. T. *Os estudos de recuperação no ensino fundamental: aprendizagem ou discriminação?* Dissertação de mestrado. Campinas, Faculdade de Educação da Unicamp, 2003.

SHULGIN, V. N. *Questões fundamentais da educação social*. Moscou, Rabotnik Prosveshcheniya, 1924.

SOBIERAJSKI, M. S. *Explorando a prática da avaliação em uma 5ª série do 1º grau*. Dissertação de mestrado. Campinas, Faculdade de Educação da Unicamp, 1992.

SOUZA, P. R. "Copo meio cheio ou copo meio vazio". *Folha de S.Paulo*, 11 dez. 2001.

SOUZA, S. M. Z. L. & ALAVARSE, O. M. "Ciclos: a centralidade da avaliação". In: FREITAS, L. C. (org.) e outros. *Questões de avaliação educacional*. Campinas, Komedi, 2003a.

TEIXEIRA, F. J. S. (org.) *Neoliberalismo e reestruturação produtiva*. São Paulo, Cortez, 1996.

TRAGTENBERG, M. *Sobre educação, política e sindicalismo*. São Paulo, Cortez, 1982.

VILLAS BOAS, B. M. F. *As práticas avaliativas e a organização do trabalho pedagógico*. Tese de doutorado. Campinas, Faculdade de Educação da Unicamp, 1993.

VINCENT, G., LAHIRE, B. & THIN, D. "Sobre a história e a teoria da forma escolar". *Educação em revista*, UFMG, 33, p. 7-48, 2001.